LA COCINA FAMILIAR

EN EL ESTADO DE

QUERÉTARO

LA COCINA FAMILIAR
EN EL ESTADO DE
QUERÉTARO

◄▲CONACULTA OCEANO

LA COCINA FAMILIAR
EN EL ESTADO DE QUERÉTARO

Primera edición: 1988
Banco Nacional de Crédito Rural, S.N.C.
Realizada con la colaboración del Voluntariado Nacional
y de las Promotoras Voluntarias del Banco Nacional de
Crédito Rural, S.N.C.

Segunda edición: 2001
Editorial Océano de México, S.A. de C.V.

Producción:
Editorial Océano de México, S.A. de C.V.

© Consejo Nacional para la Cultura y las Artes

D.R. ©
Editorial Océano de México, S.A. de C.V.
Eugenio Sue 59
Col. Chapultepec Polanco, C.P. 11500
México, D.F.

ISBN
Océano: 970-651-501-1
                  970-651-450-3 (Obra completa)
CONACULTA: 970-18-6463-8
                  970-18-5544-2 (Obra completa)

Impreso y hecho en México.

DAL

LA COCINA FAMILIAR EN EL ESTADO DE

Querétaro

La Comida Familiar Mexicana fue un proyecto de 32 volúmenes que se gestó en la Unidad de Promoción Voluntaria del Banco de Crédito Rural entre 1985 y 1988. Sería imposible mencionar o agradecer aquí a todas las mujeres y hombres del país que contribuyeron con este programa, pero es necesario recordar por lo menos a dos: Patricia Buentello de Gamas y Guadalupe Pérez San Vicente. Esta última escribió en particular el volumen sobre la Ciudad de México como un ensayo teórico sobre la cocina mexicana. Los textos históricos y culinarios, que no las recetas recibidas, varias de ellas firmadas, fueron elaborados por un equipo profesional especialmente contratado para ello y que encabezó Roberto Suárez Argüello.

Posteriormente, hace ya más de seis años, BANRURAL traspasó los derechos de esta obra a favor de CONACULTA con el objeto de poder comercializar el remanente de libros de la primera edición, así como para que se hicieran nuevas ediciones de la misma. Esta ocasión llega ahora al unir esfuerzos CONACULTA con Editorial Océano. El proyecto actual está dirigido tanto a dotar a las bibliotecas públicas de este valioso material, como a su amplia comercialización a un costo accesible. Para ello se ha diseñado una nueva edición que por su carácter sobrio y sencillo ha debido prescindir de algunos anexos de la original, como el del calendario de los principales cultivos del campo mexicano. Se trata, sin duda, de un patrimonio cultural de generaciones que hoy entregamos a la presente al iniciarse el nuevo milenio.

LOS EDITORES

Hacia el primer milenio de nuestra era, los chichimecas poblaban la zona que hoy ocupa el Estado de Querétaro. Aunque según los Anales de Cuautitlán, los chichimecas "llevaban vida de cazadores, no tenían casa y vestían pieles de animal", muchos de ellos, en contacto con toltecas y nahoas, se civilizaron a un grado tal que los reyes de Texcoco añadían con orgullo a sus títulos el de "príncipe chichimeca".

Así, este pueblo pudo pasar de la etapa nómada a la sedentaria, caracterizada por el inicio del control del hombre sobre la naturaleza, una de cuyas manifestaciones iniciales es la agricultura. Ésta se basó en la producción del maíz, calabaza, frijol y chile, pero los chichimecas conservaron la caza y pesca como actividades complementarias. No existían condiciones para el desarrollo ganadero, sin embargo, especies como el pato, el tlacuache, el jabalí, el conejo, el guajolote, el tejón y el tepezcuintle eran capturadas y criadas en cautiverio con fines alimenticios. Además, los nativos recolectaban nopales, tunas, tubérculos, frutas silvestres y mieles.

El comercio se practicó mediante el trueque que, más tarde, produjo un gran intercambio con pueblos de diversas regiones mesoamericanas. Entre los productos principales de los chichimecas estaban las pieles, los objetos sagrados, la cerámica y las mantas. La sociedad la componían el grupo sacerdotal, los artesanos y, en el nivel inferior, los labradores. De acuerdo con el estrato social, se clasificaba el sistema alimentario. Pero en todos los casos era parco, aunque muy nutritivo, ya que la mayor parte de los guisos la formaban asados o cocidos –al no conocerse el aceite– ricos en ensaladas, así como tamales de chile, de carne, de miel de avispa o de frutas.

En 1531, consumada la conquista del Imperio Azteca, el cacique otomí Nicolás de San Luis Montañez, aliado de los españoles, convirtió Acámbaro en su centro de operaciones para la conquista de lo que ahora es Querétaro. Encabezó 25 mil aliados indígenas y varios religiosos para fundar San Juan del Río y el pueblo de

Querétaro, mas no logró someter a los chichimecas sino hasta 1555. Los españoles implantaron el sistema de encomiendas y la orden de San Francisco se encargó de la evangelización. Se inició, paralelamente, la síntesis de diferentes elementos y hábitos culinarios.

De los abundantes ríos y altas sierras proceden los peces, ranas, acociles, ajolotes, pumillas, codornices, dorales, tórtolas, pajarillos de cañuela, liebres; frutas como el tomatl, el auhacatl, las flores de xempoalxóchitl y la calabaza, que empezaron sus relaciones con los cazos de cobre y las cucharas de madera, la grasa del recién llegado cerdo y las sartenes con sofritos de ajo y cebolla, salpicados de sal y chile.

Los chiles rellenos de carne fueron capeados en huevo batido y bañados en salsa; el arroz oriental, mezclado con zanahorias, chícharos y papas, supo del sazón de las salsas verde o roja; la oveja fue adobada con chiles secos molidos y, cocinada en barbacoa, envuelta en hojas de maguey.

Al avance del tiempo, la Colonia se enriqueció con los romeritos con tortitas de camarón, el pipián de pato, las torrejas y la capirotada. Ciruelas, jocotes, tejocotes, capulines y tunas, hervidos en azúcar, con un buen trozo de canela y bañados con un poco de vinillo, se aprovecharon para confeccionar una bebida invernal; la jícama refrescó en primavera, la calabaza aportó sus pepitas para tostarse, molerse y dar el sabor incomparable del pipián y el mole verde. Los elotes se untaron de mantequilla y sal, los camotes se tatemaron con piloncillo y se fundieron en leche, o se tornaron rollizas filigranas cristalizadas.

Querétaro recibió el título de Villa en 1606 y de Ciudad en 1656. El Colegio de Santa Cruz fue establecido para evangelizar a los pames, los trisones y los jonases, guerreros que habitaban la Sierra Gorda. Con todo, se sublevaron en 1704 y arrasaron varias misiones. Hubo numerosos intentos de sojuzgarlos; fracasaron hasta que en 1735 el ejército venció a los alzados en sangrienta batalla. Hacia 1750 se designó a fray

Junípero Serra presidente de las cinco misiones de la margen izquierda del río Moctezuma. Serra estableció su residencia en Santiago de Jalpan y designó a doscientos religiosos para las misiones; así éstas eran las de Jalpan, Conca, Tancoyol, Landa y Tilaco. Al iniciarse el siglo XVIII, Querétaro era una de las poblaciones más prósperas de la Nueva España. Se habían construido en su capital numerosos templos, conventos y palacios civiles, así como el bello acueducto que la simboliza.

Esta rica ciudad se convirtió en la cuna de la conspiración independentista. En las casas del sacerdote José María Sánchez y del abogado Parra se reunían, con pretextos literarios, el corregidor Miguel Domínguez, su esposa María Josefa Ortiz y varios militares y civiles como Ignacio Allende, Mariano Abasolo, Juan Aldama y Miguel Hidalgo y Costilla, a quien todos reconocían como jefe. En agosto de 1810, la Audiencia de México recibió la denuncia de los hechos, en septiembre otros informadores revelaron con más detalle las actividades de los que se reunían. Ante el peligro de que todos fueran aprehendidos, la Corregidora avisó a Allende, quien a su vez alertó a Hidalgo. De este modo se precipitó la proclama de la Independencia.

Como era de esperarse, quienes se oponían a ella cerraron sus haciendas a la insurgencia, mientras que los partidarios las abrieron. Los itacates fueron hechos con la presteza de todas las guerras, mezcla inseparable de valentía y temor, del terrible sabor agridulce de la esperanza en la victoria ante el dolor de la sangre. Las cabezas cayeron, la ciudad se vistió de lágrimas, pero la semilla germinó y la libertad se impuso.

Agitados pasaron los primeros años del nuevo país. La Constitución de 1824 otorgó a Querétaro el carácter de Estado Libre y Soberano. Más tarde, tras la guerra con Estados Unidos, en octubre de 1847 el presidente de la Suprema Corte, Manuel de la Peña y Peña, se trasladó a la entidad para recibir del general Pedro María Anaya el cargo de Primer Magistrado. Con este carácter declaró a la ciudad como capital de la república y, en un despacho sencillo, firmó en mayo de 1848 el tratado de paz que consumaba la amputación de una gran parte del territorio mexicano. Las luchas constantes diezmaron a los habitantes, a las cosechas y al ganado. Las ricas haciendas ya no eran ni su propia sombra. Los caminos estaban llenos de bandoleros. Las comunicaciones eran precarias y esporádicas. El renacimiento nacional no podía darse con facilidad, se necesitaban recursos, tiempo, sumar voluntades. Sí se dio, en cambio, una nueva intervención extranjera, la francesa.

Y la historia nuevamente se hizo en Querétaro: en febrero de 1867, el emperador Maximiliano, al frente de sus fuerzas conservadoras, se situó en esa ciudad dispuesto a librar la batalla final contra el gobierno liberal de Juárez.

Las tropas republicanas, al mando de Mariano Escobedo, sitiaron la plaza que tomaron tras dos meses de lucha. Un consejo de guerra, instalado en el Teatro Iturbide, dictó sentencia de muerte contra el emperador Maximiliano y sus dos generales mexicanos, Miramón y Mejía; se ejecutó en el Cerro de las Campanas el 14 de junio de 1867.

No fue sino hasta el porfiriato cuando el pueblo queretano retornó a la normalidad, pese al costo social que este periodo trajo consigo. Se recobraron haciendas, ganado y cosechas; la paz en los caminos se restableció y fecundó el comercio. Los ponches, encurtidos, pan de dulce, membrillos, acitrones, pan de especias, gaznates, bizcochos envinados, chocolate de tres tantos, azucarillos, coronitas y varitas surgieron triunfantes para ser consumidos en los merenderos, donde se compartía cuando era posible la suculencia de los platillos con la unión familiar.

Pero la paz porfiriana era un espejismo, como lo demostró el estallido revolucionario de 1910. Más tarde, el 2 de enero de 1916, Venustiano Carranza ocupó la ciudad de Querétaro y la convirtió nuevamente en capital de la república. El 19 de septiembre convocó al Congreso Constituyente. Fue el Teatro Iturbide un escenario histórico renacido, testigo de la formulación de la Constitución Política de 1917. En la década de los veinte se expidió la primera ley de trabajo, reglamentaria del Artículo 123. En los años cuarenta se estimuló la economía y en los cincuenta la entidad vio nacer la Universidad Autónoma.

Desde entonces Querétaro ha vivido en paz, en un franco periodo de desarrollo socioeconómico. La fundación de múltiples empresas de la rama metalmecánica aporta gran parte de su base financiera. Importantes vías de comunicación han abierto paso al comercio y al turismo. La explotación minera genera oro, plata, cobre, plomo y zinc. Los campos se cultivan con maíz, sorgo, avena forrajera, cebada, trigo y alfalfa verde. Los haberes ganaderos, avícolas y apícolas son importantes. Todo esto se conjuga en casi dos mil establecimientos que suelen brindar servicios magníficos.

Querétaro es tierra de sol, de luz, de fiestas y ferias. De tranquilas fincas, rumorosos ríos y bellas campiñas. Sus casonas, plenas de frescura, invitan al descanso. Flores y árboles señorean las calles empedradas y las modernas por las cuales es un placer pasear. En cada municipio se goza de las ferias artesanales y fiestas religiosas convertidas en verbena popular; en ellas se pueden saborear los tacos paseados, el camote achicalado, las aguas frescas, el puchero acompañado con tortillas de colores, el arroz con granada, pan de huevo o de pulque, enchiladas, charales, revoltijo y capirotada; todo esto ofrecido con la dulce tranquilidad y alegría de la hospitalidad queretana.

La cantera rosa en labrado barroco o en sobrio neoclásico, mantendrá siempre una elegancia monumental que la cocina reitera en sus platillos. Incluso la belleza inmarcesible de los poblanos chiles en nogada, encuentra en Querétaro una fórmula más de refinamiento, al agregar a la salsa de nogada –casi armiño– un toque de buen jerez. Cómo expresar, si no es gustándolo, el sabor del aguacate queretano de lustrosa y sápida piel, cada uno deleite de gourmet, cuando unido a la belleza de la granada, fruto al que Oriene llama "palabra de Dios", y a los duraznos, la cebolla, el cilantro y el chile verde, constituye el "guacamole queretano", platillo capaz de rebasar fronteras y recogerse entre las experiencias gastrónomicas inolvidables.

Honor también a la "barbacoa de tres pisos" que cocina bajo tierra simultáneamente pavos, res y cerdos, en una combinación singular. Hay quienes prefieren los chicharrones y las carnitas. De los quesos que fabrica su floreciente industria, se destaca el de "telera" o el queso panela. Y, de los magníficos dulces cubiertos, recomendamos la conserva de guamiches o fruta de cactus y los "rellenos de la Cruz de Mayo", que merecen servirse en el cielo y no sólo bajo el espléndido azul de Querétaro.

Para improvisar algún brindis especial, Querétaro dispone del vino de ciruelilla y, más pegado a la tierra, puede saborearse un buen pulque curado de almendra. ¿Qué decir de los viñedos? Uvas buenas y vinos suculentos para que las mesas se vuelvan portento de propios y extraños.

Con tales bases, la cocina familiar queretana permitió la integración de un rico recetario, apropiado para conocedores y gusto para todos. Desde la primera sección, **Antojitos**, o en **Sopas y pescados** y en **Aves y carnes**, las buenas sorpresas culinarias son frecuentes. Recetas singulares, fórmulas deleitosas, platillos de excepción.

La cuarta sección, **Frutos del huerto**, se sustenta nada menos que en los risueños vergeles de Querétaro. Resulta, pues, de tanto interés que sin temor a la hipérbole, podría preverse el aplauso de muchos y morigerados vegetarianos.

Y para terminar este magnífico muestrario, la quinta sección se dedica a **Panes, dulces y postres**. El gusto barroco, el paladar más refinado, quedará sumamente complacido. Se vierte en estas páginas una sabia herencia colonial; panes de maravilla, mieles soberbias, manjares delicados: las monjas de manos suaves y expertas siguen transmitiendo sus apetitosas lecciones.

Antojitos

ANTOJITOS

Tierra chichimeca y otomí, tierra indígena; no extraña, en consecuencia, que en Querétaro se emplee el maíz a la perfección. Existen varias recetas para preparar los tamales, desde los tradicionales que llevan carne de cerdo y elote, con todo y hoja, hasta los suntuosos y luctuosos tamales de muerto a base de maíz negro, pasando por los de queso con chile ancho, los tamales de cazuela con su tríada de picantes, el budín de cuitlacoche, el azteca y la torta de elote rellena de pollo, chile poblano, queso y crema.

Con arroz, en lugar de maíz, se preparan unos originales tamales canarios que, a juzgar por sus ingredientes, pueden ser efectivamente descendientes directos de la cocina de las islas Canarias, cuyos habitantes nos trajeron –más de lo que se suele pensar– su cultura y vigor, bien integrados ya en nuestra idiosincracia. Turco es el nombre oriental –igual se refiere a lejanos orígenes– de una rosca con capas de arroz y atún que se sirve con queso gratinado.

Omnipresentes, más no menos sabrosos, tacos, gorditas, tostadas y tlacoyos cuentan entre los antojos cotidianos. De los primeros hay unos muy originales de nata y otros de revoltillo; los hay también viajeros, al estilo Sierra Gorda, y de sesos. Las gorditas se preparan con frijol negro o con chile ancho, y hay tostadas muy humildes, al modo arriero o campesinas, que incluyen una gama variada de ingredientes apetitosos. Los tlacoyos son de frijol negro, que llevan igualmente las enfrijoladas queretanas con su añadido de hoja de aguacate y chile chipotle que les dan un sabor delicado. No podían faltar en el recetario las enchiladas queretanas con chile ancho, pollo y verduras. Todo al estilo placero, como en lugares vecinos de Michoacán, San Luis Potosí y Zacatecas.

Cuatro salsas, complemento indispensable de los antojitos, cierran este apartado. Dos sobre la base del aterciopelado y verde aguacate; una negra con chile pasilla y un chirmole de chile ancho con achiote, jitomate y epazote. ¿Cuál es la mejor? Queda la elección en sus manos.

Cuando la sartén chilla, como que el sol más brilla

Budín azteca

40	tortillas
1 1/4 k	jitomate
150 g	queso añejo rallado
50 g	mantequilla
3	chiles anchos
3	chiles poblanos
1 1/2	vasos de crema
2	quesos frescos rebanados
·	manteca
·	sal, al gusto

❤ Freír las tortillas sin que se doren.

❤ Asar y moler los jitomates junto con los chiles anchos (remojados en agua hirviendo); colar y freír en poca grasa; añadir dos chiles poblanos (asados, desvenados, lavados y cortados en tiritas), la crema y la mitad del queso; sazonar con sal al gusto.

❤ En un molde refractario, engrasado con mantequilla, colocar capas de tortillas, salsa y queso rallado.

❤ Adornar con tiras de chile y queso; meter a horno caliente durante diez minutos antes de servir.

❤ Rinde 20 raciones.

Budín de cuitlacoche

1 k	puré de jitomate
2	docenas de tortillitas
6	dientes de ajo
6	cuitlacoches grandes
1	cebolla
·	aceite
·	epazote
·	mantequilla
·	queso rallado

❤ Freír las tortillitas; guisar el puré de jitomate con la cebolla y los ajos molidos.

❤ Freír aparte el cuitlacoche picado con epazote y cebolla; tapar.

❤ Colocar en un recipiente refractario, untado de mantequilla, capas de tortillas, salsa de jitomate, queso rallado y cuitlacoche (la última capa debe ser de tortillas, jitomate y queso); hornear.

❤ Rinde 8 a 10 raciones.

Tamal de cazuela

1 1/2 k	masa de maíz
1/4 k	manteca de cerdo
1/2 k	pulpa de cerdo cocida
3	chiles pasilla
3	chiles anchos
3	chiles mulatos
2	dientes de ajo
1/2	cebolla
1	cerveza chica
·	sal, al gusto
1	rama de epazote

❤ Desvenar, tostar y freír los chiles en manteca y licuarlos con ajo y cebolla.

❤ Freír la carne cortada en trocitos y añadir salsa, cerveza y epazote; condimentar con sal y dejar hervir hasta que se sazone.

❤ Diluir la masa en un poco de agua (en una cazuela de barro); cuando esponje, agregar un poco de caldo y ponerla en el fuego; revolver constantemente hasta que se forme un atole espeso.

❤ Cubrir el fondo de una cazuela honda con la mitad de la masa; colocar el relleno de carne y cubrir con el resto de la masa; poner nuevamente en el fuego hasta que la masa tome consistencia de tamal.

❤ Rinde 10 raciones.

Tamales de queso con chile

2 k   maíz
1/2 k   manteca de cerdo
125 g   chile ancho
5   quesos de cabra (secos)
4   cucharadas de cal
·   cáscaras de tomate
·   tequesquite
·   sal al gusto

❦ Preparar el nixtamal a punto de tortilla y agregar la cal disuelta; revolver constantemente de manera que se cueza parejo.

❦ Restregar hasta que quede blanco y moler casi en seco; la masa debe quedar un poco martajada.

❦ Cocer las cáscaras de tomate con bastante sal y unas piedritas de tequesquite; batir la masa con esta agua y con la manteca derretida.

❦ Extraer las semillas a los chiles, dorarlos y licuarlos con un poco de agua; batir con el queso rallado y añadir un poco de manteca.

❦ Dividir en tres o más raciones; extender cada una en el metate hasta que queden de 2 cm de espesor más o menos.

❦ Untar el chile y enrollar con las manos, cortar con un cuchillo tres partes iguales; moldear cada una de ellas, partir nuevamente en trozos pequeños y colocarlos en hojas de maíz remojadas; cocer a vapor.

❦ Rinde 20 raciones.

Tamales de muerto al modo queretano

1 k   maíz negro
350 g   queso
50 g   manteca
3   litros de agua
12   chiles anchos
2   cebollas
1   cucharada de levadura en polvo
·   hojas de maíz secas
1   diente de ajo
1   chile de ajo
·   cal
·   manteca
·   sal, al gusto
·   caldo

❦ Lavar el maíz muy bien; ponerlo en el fuego con tres litros de agua y agregar cinco cucharadas de cal; quitar el pellejo, lavar bien y moler.

❦ Batir la manteca hasta que blanquee; agregar la masa, levadura, sal y caldo suficiente para que la masa flote en el agua.

❦ Extenderla sobre una servilleta húmeda y ponerle una capa de relleno; enrollar y cortar en rebanadas que se colocan en las hojas remojadas y escurridas.

❦ Envolver y acomodar los tamales en la olla; cocerlos a vapor durante una hora.

❦ Para preparar el relleno, asar, desvenar y remojar los chiles en agua tibia; moler las cebollas y el ajo y freír en manteca; cuando la salsa esté espesa, agregar el queso rallado y retirar del fuego.

❦ Rinde 8 raciones.

Tamales de elote y carne de cerdo

1 1/2 k carne de cerdo
400 g manteca
150 g piloncillo
200 g chile ancho
50 g chile serrano
10 elotes (con las hojas)
2 hojas de acuyo
· hojas de elote
· aceite
· sal, al gusto

💗 Desgranar los elotes y amartajar el grano.
💗 Batir la manteca con piloncillo molido, sal y los granos martajados.
💗 Moler los chiles y freírlos con una hoja de acuyo en pedacitos; añadir un poco de agua y sal y dejar en el fuego hasta que se espese.
💗 Cocer la carne de cerdo en pedazos chicos con sal.
💗 Colocar en las hojas verdes de los elotes raciones de masa, salsa y carne de cerdo.
💗 Agregar un pedacito de hoja de acuyo, envolver y amarrar.
💗 Cocer a vapor en olla tamalera.
💗 Rinde 10 raciones.

Tamales canarios

500 g harina de arroz
100 g pasitas
1 taza de azúcar
5 huevos
2 barritas de mantequilla
2 cucharadas de polvo para hornear
· hojas de maíz

💗 Acremar la mantequilla con azúcar, agregar los huevos y la harina con el polvo para hornear; mezclar con las pasitas.
💗 Poner una cucharada en cada hoja y envolver.
💗 Cocerlos en olla de presión con una taza de agua durante quince minutos (sobre la parilla de la olla colocar una cama de hojas y acomodar encima los tamales en forma vertical).
💗 Rinde 8 a 10 raciones.

Turco

1 1/2 tazas de arroz
1 trozo de cebolla y un diente de ajo
1 lata de atún grande
· aceite
· jitomate, cebolla, ajo y una zanahoria (picados)
· queso desmenuzado o rallado
· sal, al gusto

💗 Cocer el arroz con ajo y cebolla en agua suficiente; colar.
💗 Desmenuzar el atún y freírlo con jitomate, cebolla, ajo y zanahoria (picados); sazonar con un poco de sal.
💗 Batir los huevos y mezclar el arroz.
💗 Colocar en un molde refractario una capa de arroz, una de atún y otra de arroz; añadir queso y dejarlo gratinar en el horno.
💗 Rinde 8 raciones.

Torta de elote rellena

12	elotes
100 g	manteca de puerco
100 g	mantequilla
10	cucharaditas de azúcar
2	cucharadas de polvo para hornear
1	cucharadita de sal
·	leche
	Relleno
1	pechuga de pollo
1/2 k	jitomate
100 g	queso Oaxaca
1/2	litro de crema espesa
2	chiles poblanos
2	cucharadas de manteca
1	chile poblanos

- ❧ Rebanar los elotes y molerlos con un poco de leche.
- ❧ Batirlos con manteca quemada y fría y con la mantequilla derretida hasta que absorba la grasa; añadir polvo de hornear, sal y azúcar.
- ❧ Verter la mitad de esta mezcla en un molde refractario engrasado y rellenar.
- ❧ Para preparar el relleno, asar, moler y colar el jitomate; asar, pelar y desvenar los chiles, cortarlos en tiritas; freír en manteca hasta sazonar; agregar queso deshebrado y la pechuga de pollo en cuadritos.
- ❧ Cubrir con la pasta restante y hornear a calor regular.
- ❧ Servir con crema.
- ❧ Rinde 10 raciones.

Tacos de nata

24	tortillas
300 g	nata de leche
1	jitomate
1	chile grande
1	diente de ajo
1	cebolla chica y picada
·	aceite
·	chiles serranos
·	sal, al gusto

- ❧ Moler el jitomate y el ajo y freírlos sin agua; en el mismo recipiente mezclar la nata, cebolla, los chiles picados y sal.
- ❧ Pasar las tortillas por aceite caliente; rellenar con la pasta de nata y hacer los tacos.
- ❧ Servirlos calientes con hojas de lechuga orejona.
- ❧ Rinde 12 raciones.

Tacos de revoltillo

1 k	jitomate
8	chiles cascabel
3	huevos
·	aceite
·	tortillas

- ❧ Mezclar los jitomates cocidos con los chiles tostados; freír hasta que se sazone y espese.
- ❧ Retirar y añadir los huevos uno por uno; incorporar bien y colocar nuevamente en el fuego; dejar cocer.
- ❧ Formar los tacos con tortillas pequeñas.
- ❧ Rinde 8 raciones.

Tacos viajeros

24	tortillas suaves de maíz
6	claras de huevo
2	chiles cascabel
·	sal y cominos, al gusto
·	manteca de cerdo

- ♥ Moler los chiles (asados, sin desvenar y sin semillas, remojados en medio vaso con agua) con sal y comino.
- ♥ Freír en manteca, incorporar las claras y hacer los tacos con el guiso.
- ♥ Rinde 12 raciones.

Tacos de sesos

18	tortillas
3	ramitas de epazote
2	sesos de cerdo
1	jitomate
4	chiles
1	cebolla
·	sal, al gusto
·	manteca de cerdo

- ♥ Cocer los sesos en agua con sal y freírlos en manteca junto con jitomate, cebolla, epazote y los chiles, todo finamente picado.
- ♥ Hacer los tacos con esta mezcla y freírlos en manteca.
- ♥ Servir con salsa molcajeteada.
- ♥ Rinde 8 raciones.

Gorditas de frijol

500 g	masa de maíz
1/4	taza de frijoles negros (cocidos)
2	cucharadas de aceite
1/2	cebolla
·	sal, al gusto

- ♥ Acitronar la cebolla en aceite caliente; freír ahí mismo los frijoles machacándolos con una cuchara.
- ♥ Hacer las gorditas con la masa y rellenarlas con un poco de frijoles.
- ♥ Freírlas en aceite o manteca y servirlas calientes con salsa picante.
- ♥ Rinde 6 raciones.

Gorditas de chile ancho

1 k	masa de maíz
100 g	queso
1/4	litro de crema
1 1/2	tazas de frijoles
1	taza de aceite
1	cucharadita de orégano
1	cucharadita rasa de sal
4	chiles anchos
3	chorizos picados y refritos
·	lechuga y rábanos

- ♥ Desvenar los chiles y dejarlos remojar en agua caliente; escurrirlos y picarlos.
- ♥ Mezclar los chiles picados con la masa; agregar queso y sal.
- ♥ Amasar, formar gorditas de siete cm de diámetro y freírlas en aceite.
- ♥ Freír aparte los frijoles con orégano, abrir las gorditas a la mitad, rellenarlas de frijoles y cubrirlas con chorizo y crema.
- ♥ Servir con lechuga y rábanos.
- ♥ Rinde 6 raciones.

Tostadas de arriero

1 k	masa martajada
1/4	taza de manteca de cerdo
·	sal, al gusto

♥ Batir la masa con manteca y sal; secar en metate los testales; tortear a mano hasta que queden un poco gruesos.

♥ Ponerlos a cocer en un comal de barro untado con cal (sólo por un lado hasta que se sequen bien); dejarlos dorar.

♥ Rinde 12 raciones.

Tostadas campesinas

600 g	masa de maíz
150 g	queso rallado
3	tazas de frijoles refritos
1	taza de leche
12	chiles serranos en vinagre
5	aguacates medianos
1	pollo cocido
·	crema
·	manteca vegetal
·	salsa verde
·	sal y pimienta, al gusto

♥ Mezclar la masa con queso rallado y sal; amasar con leche y añadir los chiles finamente picados.

♥ Hacer 36 tortillas y freírlas (en crudo) en manteca vegetal caliente hasta que se doren bien; retirar y escurrir sobre papel absorbente; untarles una capa de frijoles refritos.

♥ Añadir el pollo finamente picado, crema, sal y pimienta; servir las tostadas con aguacate picado y salsa verde.

♥ Rinde 8 a 10 raciones.

Tlacoyos

1 k	masa de maíz
150 g	tomate verde
1/4	litro de crema
1	taza de frijoles negros
6	chiles verdes
·	cilantro
·	lechuga picada
·	jitomate en rebanadas
·	cebolla
·	sal, al gusto

♥ Formar los tlacoyos con la masa, rellenarlos con frijoles fríos y cocerlos en comal por ambos lados.

♥ Licuar tomate, cilantro y los chiles, condimentar con sal.

♥ Bañar los tlacoyos con un poco de salsa y crema, servirlos con lechuga picada y rebanadas de jitomate y cebolla.

♥ Rinde 6 raciones.

Enfrijoladas queretanas

18   tortillas
2   tazas de frijol negro cocido
1   hoja de aguacate
1   chile
1   chile chipotle, seco o adobado
1   queso ranchero desmoronado
·   perejil picado
1   aguacate
·   aceite
·   cebolla rebanada

❤ Moler el frijol con la hoja de aguacate y chile chipotle, freír; agregar agua hasta dejar consistencia de atole.
❤ Freír ligeramente las tortillas e introducirlas en el frijol molido; doblarlas en cuatro y adornar con queso, cebolla, perejil y rajas de aguacate (y con chorizo o longaniza fritos, si se desea).
❤ Rinde 6 raciones.

Enchiladas queretanas

24   tortillas de maíz
2   papas cocidas en vinagre
2   pechugas de pollo cocidas y desmenuzadas
2   zanahorias cocidas en vinagre
3   chiles anchos (desvenados y sin semillas)
·   leche
1   diente de ajo
1   huevo
    sal, al gusto
·   aceite o manteca

❤ Cocer los chiles en leche a fuego suave.
❤ Licuarlos con leche, ajo, huevo y un poco de sal.
❤ Mojar en esta salsa las tortillas y pasarlas por aceite o manteca; rellenarlas con pechuga de pollo, papas y zanahorias.
❤ Adornar con hojas de lechuga orejona.
❤ Rinde 12 raciones.

Guacamole

3   aguacates
3   jitomates
3   chiles serranos verdes
·   cilantro
1   cebolla
·   sal, al gusto

❤ Desbaratar los aguacates con una pala de madera.
❤ Picar finamente jitomate, cebolla, chile y cilantro.
❤ Incorporar el aguacate en la salsa para evitar que se ennegrezca.
❤ Rinde 6 raciones.

Salsa de aguacate

2	chiles serranos verdes
2	jitomates
1/2	cebolla
1	limón
2	aguacates
2	cucharadas de aceite de oliva
·	sal, al gusto
·	cilantro

❤ Asar los chiles y el jitomate y licuarlos con cebolla.

❤ Añadir jugo de limón y licuar nuevamente; incorporar la pulpa de aguacate y aceite de oliva.

❤ Condimentar con sal al gusto y, al servirse, adornar con cilantro finamente picado.

❤ Rinde 6 raciones.

Salsa negra

6	chiles pasilla
1/2	taza de caldo de res
1/2	cebolla
2	cucharadas de aceite de oliva
1	chile mulato
1	diente de ajo
·	sal, al gusto

❤ Tostar y desvenar los chiles, partirlos en pedazos y remojarlos en el caldo; dejar reposar una hora.

❤ Licuar con los demás ingredientes y dejar sazonar.

❤ Rinde 6 raciones.

Chimole

100 g	manteca
5	chiles anchos
2	tortillas
2	dientes de ajo
6	pimientas
1/2	cucharada de achiote
3	jitomates
3	hojas de epazote
·	sal, al gusto

❤ Extraer las semillas de los chiles; tostarlos y hervirlos.

❤ Dorar las tortillas (cuidar que no se quemen).

❤ Retirar los chiles del recipiente y agregar agua fría (un litro aproximadamente).

❤ Disolver en el agua la pasta que resulta de moler ajo, pimienta, achiote, chile y tortillas doradas.

❤ Freír en manteca caliente los jitomates pelados y picados junto con hojas de epazote; añadir los ingredientes anteriores.

❤ Esta salsa sirve para acompañar especies marinas.

❤ Rinde 6 raciones.

Muy mexicanas son las primeras recetas de este apartado. Sopas de aguacate, calabacitas, tortilla y frijoles y tortilla estilo Carlota.

La primera es a base de consomé de pollo y aguacate criollo queretano, con todo y su cáscara lisa. La de calabacitas agrega una yema de huevo y dos cucharadas de leche para mayor riqueza. Las de tortilla llevan éstas cortadas en tiras finas, freídas previamente, pero en una se agregan frijoles y tocino y en la Carlota, hierbabuena y cilantro como aromas. Recuérdese que las tortillas deben ser recientes.

Se incluyen, a continuación, un par de delicadas cremas. La de lechuga emplea mantequilla, leche, yemas de huevo y crema. La de coliflor suprime el huevo y sustituye la crema por harina, pero repite los demás ingredientes.

De España llegaron, sin duda, las dos recetas siguientes, y quizá por eso resultan tan nutritivas: la cuaresmeña sopa de habas a la que, en no pocos lugares, se le suele añadir un toque mexicano con su chile seco pasilla, navegante. De ajo es la sustanciosa segunda sopa, que incluye huevo y jugo de limón.

Prosigue la fórmula de un macarrón al horno, sopa seca de los mexicanos que hemos adoptado muy a nuestro modo la receta de origen italiano. Es recomendable que la cocción de la pasta no sea tal que ésta se deshaga, sino que se busque en lo posible el famoso punto "al dente".

Mexicana, y además un plato de resistencia, es la receta de mole de olla que se ofrece enseguida. Este puchero de caldo picante lleva xoconostles, esta tuna "agria" que le da sabor, chile pasilla y diversa variedad de verduras.

Territorio lejano al mar. Querétaro incluyó en su recetario sólo dos recetas a base de pescado. La primera es netamente mexicana y constituye una variante de las que son populares en los cercanos estados de Michoacán y Jalisco, donde existen numerosos lagos. Se trata de los charales en adobo, con chiles verde, poblano, cascabel y ancho, que se fríen con los charales y con papas cortadas en cuadritos.

La segunda receta es la del conocido huachinango en salsa "regia", de corte muy europeo. Alcaparras, mostaza y especias le dan sabor y se agregan zanahorias, nabos y puré de papas como acompañantes. Ingredientes, si no los más comunes, convenientes por el sabor específico que otorgan y por su riqueza proteínica.

Para cerrar la sección cabe mencionar otro platillo, no incluido por los compiladores seguramente por ser alimento muy delicado y por obtenerse sólo después de cruzar la accidentada Sierra Gorda. Se trata de las acamayas al vapor o a las brasas, un verdadero lujo local. Tanto por su tamaño como por su sabor son incomparables. Se les puede comer en los hoteles de Jalpan y Conca, asiento de dos misiones que fundó fray Junípero Serra.

Del plato a la boca, a veces se cae la sopa

Sopa de aguacate queretano

1	aguacate criollo queretano
6	tortillas cortadas en cuadritos
1 1/2	litros de consomé de pollo
1/4	litro de crema
1	chile serrano
·	queso Chihuahua rallado

- ❦ Licuar el chile y el aguacate (con cáscara) con una taza de caldo.
- ❦ Poner en el fuego el resto del caldo; al soltar el hervor, agregar el aguacate licuado.
- ❦ Rectificar la sal y retirar cuando empiece a hervir.
- ❦ Servir con crema y tortilla dorada.
- ❦ Rinde 6 raciones.

Sopa de calabacitas

1 1/2	litros de caldo
75 g	masa de tortilla
50 g	queso añejo
3	calabacitas medianas
2	cucharadas de leche
2	jitomates
1	yema de huevo
1	cebolla
·	manteca
·	sal y pimienta, al gusto

- ❦ Cortar en cuadros las calabacitas y freírlas en crudo.
- ❦ Asar el jitomate, licuar con cebolla y colar; añadir a las calabacitas, dejar freír hasta que espese y agregar el caldo, sal y pimienta.
- ❦ Por separado, mezclar la masa con leche, la yema de huevo y un poco de queso desmoronado; hacer bolitas y ponerlas a hervir en el caldo.
- ❦ Servir con queso rallado.
- ❦ Rinde 6 raciones.

Sopa de tortilla y frijoles

6	tortillas cortadas en tiras finas
100 g	queso añejo
100 g	tocino
3	tazas de caldo de frijol
1	taza de frijoles negros cocidos
1	rama de epazote
2	chiles verdes serranos
1/2	cebolla
·	aceite o manteca
·	sal, al gusto

- ❦ Freír las tiritas de tortilla, escurrir y reservar.
- ❦ Licuar los frijoles con cebolla y agregar el caldo y sal.
- ❦ Freír el tocino (sin que dore), incorporar el caldo y dejar hervir; añadir epazote, chiles verdes enteros y la tortilla.
- ❦ Dejar hervir diez minutos y servir con queso desmoronado.
- ❦ Rinde 4 raciones.

Sopa Carlota de tortilla

4	tortillas grandes en tiritas
4	cucharadas de aceite
1	cebolla finamente picada
1/2	taza de puré de jitomate
1	diente de ajo finamente picado
2	litros de agua
1	cucharada de consomé de pollo
1	ramita de cilantro
1	hoja de hierbabuena
·	sal y pimienta, al gusto
·	queso añejo

- ❧ Cortar las tortillas en tiras de medio cm de ancho.
- ❧ Freírlas en aceite caliente hasta que doren; escurrir.
- ❧ En el aceite sobrante freír la cebolla hasta que se acitrone; añadir puré de jitomate y ajo picado; freír.
- ❧ Agregar agua, consomé de pollo, cilantro, hierbabuena, tiras de tortilla frita, sal y pimienta.
- ❧ Dejar hervir a fuego suave durante quince minutos, hasta que se suavicen las tortillas.
- ❧ Servir con queso añejo desmoronado.
- ❧ Rinde 8 raciones.

Sopa de lechuga

1/2	lechuga
1	cebolla pequeña
2	tazas de caldo de pollo
2	tazas de leche
2	yemas de huevo
2	cucharadas de crema
1/2	barrita de mantequilla
·	cuadritos de pan frito
·	sal y pimienta negra, al gusto
·	azúcar
·	nuez moscada

- ❧ Lavar las hojas de lechuga, escurrir, enjuagar con agua fría y cortar en tiritas delgadas.
- ❧ En una cacerola con mantequilla sofreír la cebolla picada hasta que se acitrone; agregar la lechuga, el caldo y dejar hervir.
- ❧ Sazonar con sal, pimienta molida, azúcar y una pizca de nuez moscada; dejar enfriar un poco y licuar; añadir leche y cocinar a fuego lento durante cinco minutos.
- ❧ Batir las yemas con crema y diluirlas en cucharadas de sopa caliente; agregar estos ingredientes a la sopa.
- ❧ Dejar a fuego lento hasta que se espese (no debe hervir porque las yemas se cuajarían).
- ❧ Adornar con tiritas de lechuga y cuadritos de pan.
- ❧ Rinde 4 raciones.

Crema de coliflor

3	cucharadas de mantequilla
3	cucharadas de harina
4	tazas de leche
1	cucharadita de cebolla picada
1	coliflor chica
·	caldo
·	sal y pimienta, al gusto

- ❧ Fundir la mantequilla, agregar harina y mezclar bien (procurar que no se formen grumos).
- ❧ Agregar poco a poco leche caliente y un poco de caldo; dejar hervir suavemente hasta que espese un poco.
- ❧ Incorporar la cebolla y la coliflor (cocida y separada en ramitos); sazonar con sal y pimienta y dejar hervir.
- ❧ Rinde 4 a 6 raciones.

Sopa de habas

250 g	habas secas y peladas
50 g	aceite de oliva
2	litros de agua
2	jitomates medianos
1/2	cebolla
·	cilantro
2	bolillos o teleras duras (partidas en cuadritos)
·	aceite o manteca
·	sal, al gusto

❤ Hervir las habas en dos litros de agua con sal; retirar del fuego cuando empiecen a desbaratarse.

❤ Agregar jitomate, cebolla y cilantro (picados finamente); dejar en el fuego unos minutos más.

❤ Servir la sopa con una cucharada de a   e oliva y cuadritos de pan dorado en aceite.

❤ Rinde 6 raciones.

Sopa de ajo

1	cabeza grande de ajo
1	litro de agua caliente
4	cucharadas de aceite
5	dientes de ajo
3	huevos
·	jugo de un limón
·	sal, al gusto

❤ Cocer la cabeza de ajo en agua caliente; licuar y colar.

❤ Freír cinco dientes de ajo picados; agregarlos al caldo y dejar hervir diez minutos; retirar.

❤ Añadir los huevos batidos y sal; mezclar y agregar el jugo de limón.

❤ Servir con trocitos de pan tostado.

❤ Rinde 6 raciones.

Macarrón al horno

1 k	jitomate molido
1/2 k	macarrón cocido
150 g	queso añejo
100 g	mantequilla
5	cucharadas de cebolla picada
5	cucharadas de perejil picado
1	cucharada de ajo picado
1	trozo de cebolla
·	sal, al gusto

❤ Cocer el macarrón en agua hirviendo con cebolla, ajo y sal.

❤ Freír cebolla y ajo en mantequilla o aceite; agregar el jitomate, hervir media hora a fuego lento a que quede dulce; retirar y añadir perejil.

❤ En un recipiente refractario colocar capas de jitomate, de macarrón y de queso; hornear veinte minutos.

❤ Rinde 6 a 8 raciones.

Mole de olla

500 g	pecho de res
100 g	ejotes
5	calabacitas
3	elotes
2	xoconostles
4	chiles pasilla
1	ramita de epazote
1	cebolla
·	sal y pimienta, al gusto

❦ Cortar la carne en trozos pequeños y ponerla a cocer en una olla de barro con agua suficiente; añadir los xoconostles y condimentar con sal y pimienta.

❦ Cuando hierva el agua, agregar los chiles licuados, epazote, cebolla, calabacitas, ejotes y elotes (en trozos pequeños).

❦ Dejar hervir tres cuartos de hora.

❦ Rinde 8 raciones.

Charales en adobo

1/4 k	charales
1/2 k	papas
1/4 k	tomate verde
2	cebollas
1	chile verde poblano
3	chiles cascabel
3	chiles anchos
·	sal, pimienta, orégano y aceite

❦ Dorar la cebolla (en rebanadas) y el chile poblano (en rajas).

❦ Cocer los chiles rojos (cascabel y ancho) con el tomate y licuarlos con las especias.

❦ Cortar las papas en cuadritos y freír los charales sin cabeza.

❦ Mezclar todos los ingredientes y dejar a fuego lento durante veinticinco minutos.

❦ Rinde 6 raciones.

Huachinango en salsa regia

2 k	huachinango
1/2 k	puré de papa
50 g	mantequilla
30	alcaparras
4	jitomates grandes
1	nabo
1	cebolla
1	zanahoria
1	cucharadita de perejil picado
1	cucharadita de mostaza
·	sal y pimienta, al gusto
·	limones
·	aceite

❦ Untar el pescado limpio con aceite, sal, pimienta y limón; hornearlo veinticinco minutos; retirar y cubrir con la salsa.

❦ Para preparar la salsa, asar los jitomates, pasarlos por un colador y freírlos en mantequilla junto con las verduras rebanadas en tiras; sazonar con sal y pimienta; retirar del fuego, colar y añadir mostaza y alcaparras.

❦ Servir con puré de papa.

❦ Rinde 8 raciones.

Las aves de corral cubren una amplia gama de este apartado que se abre con una receta de corte local: el pollo de Querétaro. Tan apetitoso animal se cocina con hierbas de olor, verduras y ejotes, y destaca su barroquismo con el añadido de peras, manzanas y duraznos. A la primavera se prepara otro pollo que lleva también duraznos, membrillos y vinagre de manzana. Los garbanzos y el azafrán generan el siguiente platillo a base de pollo, al que se suma un picante: chile serrano, para reafirmar la síntesis cultural de nuestra cocina festiva y cotidiana.

Típico del Bajío es el cuñete con jugo de naranja, vinagre, ajo y cebolla. Nuez y nata combinan bien sus sabores en la receta del pollo en nuez, mientras que con quesos Gruyère y Chihuahua se pueden gratinar bellamente las pechugas más gordas. Una receta de premio y antología. Para hacer una sabrosa pollocoa se escogen varias piezas de pollo que primero se salan y se dejan reposar un día. Luego se cubren con hojas de elote y se condimentan con un mole de chile ancho y chile mulato; después se cuecen al vapor como tamales. El pollo borracho se acompaña con cerveza y lleva chipotles adobados con picante. La gallina a la mexicana se prepara aquí con salsa de nuez, cacahuate y chile ancho.

Luego el mole verde: lleva chile poblano, cacahuates, pasas, almendras, canela, anís, ajonjolí, hojas de nabo, tomates y hasta plátano macho dorado, con todo y cáscara. Lo mismo puede decirse de la receta de mole de guajolote, fórmula que se presenta a continuación. Más sencillo es el pavo al jitomate con zanahorias, nabo y hierbas de olor. La complejidad culinaria, de corte centroeuropeo, vuelve por sus fueros con un ganso relleno de jitomate, piñones, pasas, almendras y carne de la misma ave.

De evocación dominguera es el albondigón de pechuga de pollo y jamón, con su huevo y zanahoria picados, y un poco de jerez o vino. El vino, ¿quién lo duda?, puede ser el buen rojo de la tierra queretana. De la ganadería menor, el chivo resulta aquí no el expiatorio sino el agraciado. Téngase presente que el cercano San Miguel Allende fue el principal mercado del centro de México del siglo XVII al XIX. Los animales, en largas peregrinaciones, venían del lejano norte. Recuerdo de aquellas épocas es seguramente el cabrito al pulque en chile pasilla y tomate verde, que es una delicia, y el chivo tapeado al vapor, condimentado con chile ancho, orégano y vinagre, así como la sangre de chivo guisada, la cual tiene como base la pancita frita del animal que se aromatiza con comino.

Las chulirrajas son chuletas de puerco aplanadas a las que se agregan chilacas en rajas para dar la versión mexicana de las chuletas riojanas con pimentón dulce. La receta de las manitas de puerco lleva leche y biznagas, lo que les da un toque diferente. El lomo negro de puerco combina el chile cuaresmeño con la ciruela pasa. El chamorro con champiñones y, luego, las carnitas de la región, que combinan pollo con cerdo, no pueden pasarse por alto.

La atractiva receta familiar de tortitas de carne se engalana aquí con el uso de almendras, aceitunas y pasitas; el niño envuelto se refiere a un rollo de carne relleno de zanahorias, papas, tocino y jamón. Finalmente, la receta del filete al horno tiene como peculiaridad el uso del comino y las rajas de pimiento morrón o chile poblano. Vale citar, como colofón de este apartado, un platillo local de la lejana Sierra Gorda y sus valles: la cecina de res aromatizada con naranja agria. La receta no se incluye, pero sí la invitación para visitar tan hermosa región.

¿Sabes, flaca? La mejor carne es la pegada al hueso

Pollo de Querétaro

1	pollo en raciones
5	pimientas
3	dientes de ajo
2	cebollas
2	jitomates
2	clavos de olor
2	peras
2	manzanas
2	duraznos
2	calabacitas
1	raja de canela
1	chile de ajo
1/2	taza de vino blanco
·	aceite
·	azúcar
·	ejotes
·	pan blanco
·	sal, al gusto

❧ Cocer el pollo en agua con sal, ajo y una cebolla picada.

❧ Freír la cebolla y los jitomates (todo rebanado).

❧ Moler pimienta, clavos, canela y una rebanada de pan, agregar a la preparación anterior; incorporar al final las piezas de pollo cocidas.

❧ Aparte, hervir las frutas y las calabacitas rebanadas, los ejotes y un poco de caldo; sazonar con sal, añadir el vino y una cucharada de azúcar; dejar hervir hasta que se cueza la fruta.

❧ Servir el pollo con la fruta y la verdura.

❧ Rinde 6 a 8 raciones.

Pollo en primavera

8	raciones de pollo crudo
4	duraznos en tiras
4	jitomates molidos y colados
3	pimientas gordas enteras
2	membrillos en tiras
1	chile molidos y colados
1/2	vaso de vinagre de manzana
·	cebolla fileteada
·	jugo de una naranja agria
·	hierbas de olor
	sal, al gusto

❧ Macerar el pollo en jugo de naranja y vinagre.

❧ Cocer todos los ingredientes en una cazuela de barro tapada, a fuego suave.

❧ Rinde 8 raciones.

Pollo en nuez

1	pollo cocido
1/2 k	jitomate
100 g	nuez molida
1/2	litro de leche
1	taza de nata
·	sal, al gusto

❧ Licuar los jitomates y ponerlos a cocer; al hervir, agregar la nata, la nuez y la leche.

❧ Incorporar el pollo cocido y sazonar con sal.

❧ Rinde 6 raciones.

Pollo con garbanzos y azafrán

1 k	pollo
1 k	garbanzo
175 g	chile serrano
3	dientes de ajo
3	jitomates
1	cebolla
·	azafrán
·	cominos
·	manteca de cerdo o aceite
·	masa (diluida en caldo)
·	perejil

- ❤ Cocer el garbanzo y el pollo por separado.
- ❤ Acitronar cebolla rebanada y agregar jitomates, chiles y ajo (cortados en rodajas).
- ❤ Incorporar azafrán molido, la masa diluida en caldo y los garbanzos sin pelar (con su caldo); dejar hervir diez minutos.
- ❤ Al final, añadir perejil, comino, el pollo cocido y retirar del fuego.
- ❤ Rinde 10 a 12 raciones.

Pechugas gratinadas

6	pechugas de pollo deshuesadas
125 g	queso Chihuahua
125 g	queso Gruyère
1	litro de leche
2	cucharaditas de harina
2	yemas de huevo
1	pizca de nuez moscada
1/2	barrita de mantequilla
·	ajo y cebolla
·	sal y pimienta, al gusto

- ❤ Cocer las pechugas de pollo con cebolla y ajo.
- ❤ Preparar salsa blanca: derretir mantequilla a fuego lento e incorporar harina poco a poco, nuez moscada, leche, sal y pimienta; batir hasta que espese, retirar y añadir las yemas (revolver vigorosamente).
- ❤ Acomodar las pechugas en un recipiente refractario, bañarlas con la salsa blanca y cubrir con queso rallado; hornear veinte minutos.
- ❤ Rinde 12 raciones.

Pollo al cuñete

8	raciones de pollo crudo
4	jitomates molidos y colados
2	cebollas moradas
1	cabeza de ajo
1/2	vaso de vinagre
·	jugo de una naranja agria
·	sal, al gusto

- ❤ Macerar el pollo con vinagre y jugo de naranja agria.
- ❤ Cocer todos los ingredientes en una cazuela de barro, a fuego suave, durante dos horas.
- ❤ Servir caliente.
- ❤ Rinde 8 raciones.

Pollocoa

1	pollo en piezas
1/4 k	chile mulato
1/4 k	chile ancho
10	almendras
4	ajos
1	bolillo tostado
1/2	cebolla
·	canela
·	pimienta en polvo
·	mantequilla
·	hojas de elote
·	sal, al gusto

- ❤ Salar y enchilar el pollo la víspera para que tome sabor.
- ❤ Lavar las hojas de elote y dejarlas escurrir.
- ❤ Colocar en las hojas una pieza de pollo con mole (previamente elaborado con los demás ingredientes) y mantequilla; envolver.
- ❤ Cocer a vapor a fuego bajo.
- ❤ Rinde 6 raciones.

Pollo borracho

1	pollo en trozos
3/4 k	jitomate
1	cebolla grande
2	dientes de ajo
2	chiles chipotle adobados
1/2	cerveza
·	sal y pimienta, al gusto
·	aceite

- ❤ Rebanar jitomate y cebolla; colocar en una cacerola una capa de jitomate, cebolla y ajo, luego el pollo y otra capa de cebolla, jitomate y chile chipotle picado.
- ❤ Agregar cerveza, sal, pimienta y un poco de aceite; tapar y cocinar a fuego lento; revolver de vez en cuando.
- ❤ Rinde 6 raciones.

Gallina a la mexicana

1	gallina cocida en caldo
100 g	cacahuates pelados
100 g	nueces peladas
2	dientes de ajo
5	chiles anchos desvenados y tostados
1	cucharada de manteca de cerdo
·	sal y pimienta, al gusto

- ❤ Freír ajo, chiles, cacahuates y nueces en un poco de manteca.
- ❤ Licuar y volver a freír en manteca; sazonar con sal y pimienta y añadir un poco de caldo de gallina; dejar hervir.
- ❤ Incorporar la gallina partida en pedazos; hervir veinte minutos más a fuego suave (la salsa debe quedar espesa).
- ❤ Servir con tortillas calientes.
- ❤ Rinde 6 raciones.

Mole verde

3	chiles poblanos
10	tomates
1/2	plátano macho dorado en manteca
1/2	bolillo frío
1/2	tortilla fría
2	hojas de lechuga
·	perejil
6	almendras
·	canela
·	ajonjolí
·	cacahuates
·	pasas
·	unas rajitas de anís
·	aceite
·	carne y su caldo
·	hojitas de nabo
·	gotitas de anís

- Freír chiles, tomates, plátano, ajonjolí, pan y tortilla.
- Licuar y diluir en caldo (puede utilizarse pollo, cerdo, etc).
- Freír la salsa y, al tomar su punto, incorporar la carne.
- Rinde 8 raciones.

Mole de guajolote

1	guajolote cocido
400 g	chile ancho
400 g	chile mulato
150 g	chile pasilla
100 g	ajonjolí tostado
50 g	cacahuates fritos
50 g	pasas
10	almendras
10	pimientas
3	tortillas frías
2	dientes de ajo
1	bolillo frío
1	cebolla
1	clavo
1	chile regular
1	jitomate grande asado
1	plátano
1	puño de semillas del chile
1	raja de canela
1	tablilla de chocolate
·	aceite
·	caldo de guajolote

- Freír especias, cacahuates, pasas, almendras, el plátano sin cáscara, el bolillo y las tortillas.
- Tostar el ajonjolí y las semillas de chile; licuar todo junto hasta formar una pasta.
- Pasar los chiles limpios y desvenados por aceite caliente (cuidar que no se quemen); suavizarlos en agua caliente.
- Licuar jitomate, cebolla y ajo con los chiles; freír en aceite caliente.
- Disolver la pasta en caldo hasta darle la consistencia deseada; añadir la tablilla de chocolate (sin dejar de revolver) y cocer a fuego suave; sazonar al gusto.
- Servir el mole con piezas cocidas de guajolote.
- Rinde 15 raciones.

Albondigón de pechuga y jamón

1	pechuga de pollo
250 g	carne de puerco molida
250 g	carne de res molida
150 g	jamón
5	cucharadas de azúcar
1	huevo
·	aceite con un poco de mantequilla
·	huevos cocidos
·	jerez o vino tinto
·	perejil
·	tocino
·	zanahoria picada
·	sal y pimienta, al gusto

❤ Moler la pechuga de pollo cruda, jamón y tocino; mezclar con la carne y amasar con huevo crudo, sal y pimienta.

❤ Extender la masa y colocar en el centro zanahorias, huevos cocidos y perejil picado.

❤ Formar el albondigón y dorarlo en mantequilla; agregar un poco de agua y dejar cocer hasta que las zanahorias estén suaves.

❤ Quemar en una sartén cinco cucharadas de azúcar (que no quede demasiado oscura); apagar con jerez o vino tinto, verter a la carne y dejar cocer.

❤ Rinde 6 raciones.

Ganso relleno

1	ganso
1 k	jitomate
50 g	almendras
50 g	pasas
25 g	piñones
1	taza de vino blanco
2	cucharadas de consomé de pollo
2	cebollas grandes
1	diente de ajo
1	trozo de cebolla
1/2	ajo
·	mantequilla
·	perejil
·	sal de ajo
·	pimienta negra molida
·	aceite
·	jugo de limón
·	clavo
·	mantequilla
·	sal y pimienta, al gusto

❤ Limpiar el ganso y dejarlo macerar durante media hora en agua y jugo de limón.

❤ Cocerlo en un poco de agua con clavo, pimienta, ajo y cebolla; escurrir y dejar enfriar.

❤ Por separado, freír jitomate (cocido y licuado con ajo) con una cebolla en rodajas y una entera; dejar hervir.

❤ Untar el ganso por dentro y por fuera con mantequilla; bañarlo con la salsa de jitomate, rellenarlo con piñones, pasas y almendras (y la carne desmenuzada del mismo ganso, si se desea).

❤ Cubrirlo con vino blanco (media taza por fuera y media taza por dentro); añadir hojitas de perejil, sal de ajo, pimienta negra, sal y consomé de pollo.

❤ Colocar el ganso en una charola previamente engrasada; hornear a 180°C durante media hora más o menos.

❤ Rinde 10 raciones.

Pavo en jitomate

1   pavo tierno
1 k jitomate
1/4 litro de aceite
1/4 litro de vino blanco
10   pimientas
3   hojas de laurel
2   cebollas
2   nabos
2   zanahorias
1   ramita de tomillo y mejorana
·   aceitunas
·   perejil

❤ Partir el pavo en raciones (quitar las menudencias).
❤ Asar y licuar los jitomates.
❤ Colocar en una olla de peltre las raciones de pavo; añadir aceite, jitomates, verdura, hierbas de olor y pimienta.
❤ Dejar cocer a fuego lento con la olla tapada durante dos horas; añadir vino blanco cuando lleve una hora de cocción.
❤ Servir en frío con aceitunas y un poco de perejil.
❤ Rinde 15 a 20 raciones.

Cabrito en pulque

1 1/2 k cabrito
250 g chile pasilla
250 g tomate verde
1/2   litro de pulque
3   cucharadas de consomé de pollo en polvo
3   dientes de ajo

❤ Partir el cabrito en piezas y limpiarlo con un lienzo húmedo.
❤ Colocarlo en una bandeja, bañarlo con el pulque y dejarlo reposar quince minutos cerca del fuego (no encima); retirar y escurrir.
❤ Cocer los chiles pasilla en el pulque en que reposó el cabrito; retirar y licuar con tomate y ajo; sazonar con consomé de pollo.
❤ Untar con esta mezcla las piezas del cabrito; colocarlas en una charola honda y hornear a 350°C durante una hora (darlas vuelta varias veces y bañarlas con su propio jugo).
❤ Agregar un poco del pulque en que se remojaron los chiles en caso necesario.
❤ Rinde 8 a 10 raciones.

Chivo tapeado

1   chivo de leche
1/4 k chile ancho
·   hojas de maíz carrizo
2   dientes de ajo
·   orégano y sal
·   vinagre

❤ Partir el chivo en piezas pequeñas.
❤ Licuar chiles, orégano y ajo con vinagre.
❤ Untar con esta mezcla los trozos de chivo y cocerlos a vapor.
❤ Rinde 8 a 10 raciones.

Sangre de chivo guisada

1	pancita de chivo
1/4 k	manteca de cerdo
6	tomates verdes picados
2	jitomates picados
1	cebolla picada
3	dientes de ajo picados
·	cominos
·	sal, al gusto

❦ Colocar la sangre del chivo recién sacrificado en una cazuela y dejarla cuajar; reservar.

❦ Lavar todo el menudo y partirlo en pedazos pequeños (con la gordura); freír en manteca y agregar el recaudo picado y comino molido.

❦ Dejar cocer y, sin retirar del fuego, agregar la sangre deshecha con las manos; revolver constantemente hasta que quede bien frita.

❦ Rinde 10 raciones.

Chulirrajas

1/2 k	chuletas de puerco aplanadas
1/2 k	jitomate picado
4	chilacas asadas y en rajas
2	cebollas cortadas en rodajas
2	dientes de ajo
·	aceite
·	sal y pimienta, al gusto

❦ Freír y dorar las chuletas y sazonarlas con sal y pimienta.

❦ Aparte, acitronar la cebolla, los dientes de ajo, las chilacas y el jitomate; dejarlos hervir.

❦ Agregar sal y agua e incorporar las chuletas; dejarlas cocer.

❦ Rinde 6 raciones.

Manitas de puerco en leche

1 k	manitas de cerdo
100 g	azúcar refinada
50 g	pasas
50 g	sal gruesa
1/2	litro de leche
3	cuadritos de biznaga azucarada
1	cebolla
1	chile

❦ Limpiar y eliminar totalmente las cerdas de las manitas; remover las pezuñas y lavarlas con cuidado.

❦ Rebanar en tiras gruesas los cuadritos de biznaga.

❦ Poner a cocer a fuego lento las manitas, una cabeza de cebolla chica, acitrón o biznaga, pasas y azúcar (en agua exclusivamente); dejar hervir media hora.

❦ Retirar la cebolla y añadir leche y sal; hervir cinco minutos más.

❦ Rinde 8 raciones.

Lomo negro

1 k	lomo de cerdo
100 g	ciruela pasa picada
3	cucharadas de mantequilla
2	dientes de ajo
1	cebolla picada
2	chiles cuaresmeños en rajas delgadas
·	sal, pimienta y paprika

❤ Untar el lomo con sal, pimienta y paprika; dejar reposar dos horas.
❤ Sancocharlo en mantequilla con cebolla, ajo, chiles y ciruelas.
❤ Agregar una taza de agua caliente y dejar cocer; taparlo herméticamente (puede emplearse la olla de presión).
❤ Servir caliente con verduras crudas.
❤ Rinde 8 raciones.

Chamorros con champiñones

1 k	chamorros de cerdo cocidos
100 g	tocino picado grueso
4	cebollas grandes rebanadas
4	dientes de ajo picados
1	lata de champiñones
·	aceite o mantequilla
·	sal y pimienta, al gusto

❤ Freír cebolla y ajo en aceite o mantequilla (hasta que la cebolla esté transparente); licuar con el caldo de los chamorros.
❤ Freír aparte el tocino y los champiñones; incorporar la salsa de cebolla y la carne cocida; sazonar con sal y pimienta y dejar hervir un rato.
❤ Rinde 8 raciones.

Niño envuelto

1 k	carne de res molida
100 g	jamón cocido
100 g	tocino
1	taza de chícharos cocidos
2	zanahorias peladas y cocidas
1	taza de papa, cocida y pelada
4	mitades de huevo cocido
·	sal y pimienta, al gusto
·	ajo y cebolla
·	jitomates
·	lechuga
·	pepinos
·	aceitunas

❤ Sazonar la carne con sal y pimienta; extenderla sobre una servilleta.
❤ Cortar en cuadritos las zanahorias, la papa, el tocino y el jamón; mezclar con los chícharos.
❤ Colocar sobre la carne extendida una capa de legumbres y huevo cocido; enrollarla hasta formar un cilindro compacto, envolverla con la tela y cocer durante media hora a baño María.
❤ Retirar el rollo de carne de la tela y rebanarlo.
❤ Cubrir las rebanadas de carne con ajo finamente picado y adornar con rebanadas de jitomate, hojas de lechuga, aceitunas, cebolla y pepinos.
❤ Rinde 8 raciones.

Tortitas de carne

3/4 k carne cocida de puchero o
     aguayón
1/4 taza de puré espeso de jitomate
5 cucharadas de pan molido
1 cucharada de manteca o aceite
1 cucharada de perejil picado
12 almendras
12 pasitas
6 aceitunas
2 huevos
1 cebolla mediana picada
· sal y pimienta, al gusto

- ❦ Remojar las almendras en agua caliente, pelarlas y picarlas; remojar las pasitas y picar las aceitunas.
- ❦ Calentar la manteca y freír cebolla; cuando esté transparente, agregar puré de jitomate, perejil y pan molido; freír y retirar del fuego.
- ❦ Mezclar la carne picada, los huevos batidos, pasas, aceitunas y almendras; sazonar con sal y pimienta y hacer las tortitas.
- ❦ Freírlas por separado o dejarlas cocer en el caldillo de jitomate.
- ❦ Rinde 8 raciones.

Carnitas típicas

2 pollos enteros
3 k carne de cerdo
1 k cuero de cerdo
1/2 k manteca de cerdo
1/2 litro de agua
· sal, al gusto

- ❦ Calentar la manteca en un cazo de cobre y freír la carne de cerdo cortada en trozos.
- ❦ Cuando esté a media cocción, agregar los pollos, el cuero y medio litro de agua con sal.
- ❦ Servir caliente con tortillas y salsa al gusto.
- ❦ Rinde 20 raciones.

Filete al horno

3/4 k filete cortado tipo mignon
1 jitomate mediano licuado
1/4 cebollita cortada en rajas
1/4 pimiento morrón o chile
     poblano (en rajas)
· salsa negra de soya
· sal, pimienta y cominos

- ❦ Colocar en un recipiente refractario el filete untado con sal, pimienta y comino; meter al horno.
- ❦ A medio cocer, agregar cebolla, chile picado, unas gotas de salsa de soya y jitomate licuado; dejar cocer 15 minutos a 175°C.
- ❦ Rinde 6 raciones.

Frutos del Huerto
FRUTOS DEL HUERTO

El conjunto de las sugerencias de la familia queretana al rubro de las verduras resulta, además de amplio, atractivo. Se abre con una original receta de ensalada de Corpus –el famoso día de las mulitas– que trae consigo todo el aroma de la tierra, pues incluye calabacitas tiernas, manzanas, duraznos, peras, aguacates, elotes y hasta un puñado de bellos y negros capulines, esto es, un huerto hecho ensalada. Mexicana se llama otra ensalada, no menos atrayente, hecha con verdolagas y jitomate. Los humildes, en apariencia, nopales y chayotes son la base de una fina ensalada que se presenta a continuación y a la que también se agrega chile poblano, huevo y una taza de leche.

Ensaladas aparte, el omnipresente y mexicanísimo nopal sirve para dar vida a varias recetas más. La primera pica nopales tiernos, cebolla, jitomate y chile güero para rellenar una penca madura que se pone a las brasas. La segunda recurre a las raíces de chilicuague molidas en molcajete. Si, como dice el refrán, a falta de pan buenas son tortas, se incluye una torta de nopal, en la que éstos se rellenan con queso y se bañan con salsa de chile, ajos, cebollas y jitomate.

Las calabacitas generan también recetas diversas. Desde una ensalada con orégano y queso fresco hasta las calabacitas divinas, pasando por las cocinadas a la crema (con salchichas) y en salsa ranchera. Las divinas ganan su nombre por llevar longaniza, dato instructivo aún sin glosar.

Sabrosas y llenadoras son las papas con jamón y crema que aquí se proponen en dos variedades. La receta para preparar cuitlacoche es sencilla y no olvida –sabiamente– el epazote. El guiso de flor de calabaza es singular y apetitoso: se prepara con nata y chile verde. El chayote ranchero lo es, no queda duda, por el chile ancho y la carne de res molida con que se rellenan los frutos. Deleitosos, en verdad.

Queso fresco con espinacas es otra receta de verduras que resulta, a la vez, fácil de preparar y nutritiva. El rico queso queretano abre siempre las posibilidades de la cocina familiar. Para cerrar el apartado, un antojo: tortas de huauzontle capeadas con huevo y bañadas con salsa de chile de árbol; no las olvide.

La ensalada bien salada, poco vinagre y bien aceitada

Ensalada de Corpus

4	calabacitas tiernas
2	cebollas
4	manzanas
4	peras
6	duraznos
6	aguacates
3	elotes
·	aceite y vinagre
·	un puñado de capulines maduros
·	sal, al gusto

- ❤ Cocer calabacitas, cebollas, manzanas y peras y partirlas a lo largo (en tiras).
- ❤ Colocarlas en un platón, aliñar con sal, aceite y vinagre; agregar los duraznos crudos y los aguacates maduros cortados en trocitos y, finalmente, los granos de elotes cocidos con los capulines enteros.
- ❤ Aliñar de nuevo con sal, aceite y vinagre al gusto.
- ❤ Rinde 8 raciones.

Ensalada mexicana

1/2 k	verdolaga
1/4 k	jitomate
1	cebolla mediana
·	cilantro
2	cucharadas de vinagre
2	cucharadas de aceite de oliva
2	limones
·	sal gruesa, al gusto

- ❤ Lavar la verdolaga, el jitomate, las cebollas y el cilantro.
- ❤ Desmenuzar la verdolaga (quitarle la parte gruesa que es muy fibrosa), picarla en tramos de un centímetro de espesor.
- ❤ Rebanar el jitomate en gajos delgados; picar cebolla y cilantro, mezclar perfectamente y añadir aceite.
- ❤ Agregar jugo de limón o vinagre y sal.
- ❤ Servir en frío.
- ❤ Rinde 4 raciones.

Ensalada de nopales con chayote

2	chayotes
5	nopales
2	cebollas
1	diente de ajo
5	chiles poblanos
1	taza de leche
2	huevos
50 g	mantequilla
·	aceite
·	tortillas

- ❤ Cortar las tortillas en tiritas y freírlas.
- ❤ Pelar los chayotes y rallarlos o cortarlos en pequeños pedazos.
- ❤ Cocer los nopales en agua con cebolla y ajo.
- ❤ Lavar, asar, desvenar y cortar en rajas los chiles poblanos.
- ❤ Cortar las cebollas en rodajas y freírlas en aceite.
- ❤ Engrasar un recipiente refractario, colocar el chayote, los nopales partidos en cuadritos, la cebolla, la tortilla y las rajas; al final, agregar la leche licuada con los huevos y la mantequilla.
- ❤ Hornear 175°C durante media aproximadamente .
- ❤ Rinde 6 raciones.

Nopales a las brasas

1	penca de nopal maduro
6	nopales (pelados y picados en crudo)
30 g	manteca de cerdo
1	taza de cilantro picado
1	cebolla picada
1	jitomate
·	chiles güeros o serranos
·	migas de carnitas o chorizo picado
·	sal, al gusto

- ❧ Pelar y picar los ingredientes; mezclarlos y rellenar la penca abierta a la mitad.
- ❧ Cerrar con una espina de maguey y cocer a las brasas.
- ❧ Servir caliente.
- ❧ Rinde 6 raciones.

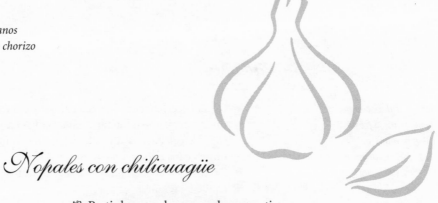

Nopales con chilicuagüe

15	nopales medianos
6	chiles verdes
5	dientes de ajo
4	raíces de chilicuagüe
2	cebollas
·	cilantro
·	sal, al gusto

- ❧ Partir los nopales en cuadros o en tiras.
- ❧ Ponerlos a cocer con una cebolla, tres dientes de ajo, cilantro y sal en un poco de agua; colar.
- ❧ Asar los chiles verdes; freír la otra cebolla y ajo picado; incorporar los nopales y las raíces de chilicuagüe molidas en molcajete con los chiles.
- ❧ Dejar hervir un momento y servir.
- ❧ Rinde 8 raciones.

Tortas de nopal

300 g	jitomate asado
300 g	queso
6	nopales grandes
2	dientes de ajo
2	huevos
1	cebolla con rabo
·	aceite
·	chiles, al gusto
·	harina
·	hierbas de olor
·	palillos de dientes

- ❧ Cocer los nopales con la cebolla hasta que queden blanditos; lavarlos y secarlos.
- ❧ Cortarlos en el centro e introducirles queso; sujetar con un palillo.
- ❧ Pasarlos por harina y capearlos con las claras de huevo a punto de turrón; freírlos en aceite.
- ❧ Por separado, preparar un caldillo con jitomate, cebolla, ajo, chiles molidos y hierbas de olor.
- ❧ Incorporar las tortas de nopal al caldillo.
- ❧ Rinde 6 raciones.

Ensalada de calabacitas

1/2 k	calabacitas
100 g	queso fresco
1	cebolla chica
·	sal y pimienta, al gusto
·	aceite y vinagre
·	orégano

♥ Cocer las calabacitas en agua con sal.
♥ Partirlas en tiritas y colocarlas en una ensaladera; añadir queso desmoronado y cebolla finamente picada.
♥ Sazonar con sal, pimienta, aceite, vinagre y un poco de orégano.
♥ Rinde 6 raciones.

Calabacitas con crema

300 g	calabacitas
100 g	queso fresco
50 g	mantequilla
1/4	litro de crema
·	salchichas
·	sal, al gusto

♥ Cocer las calabacitas en agua con sal y escurrir.
♥ En un recipiente refractario, engrasado con mantequilla, colocar una capa de calabacitas con salchicha, una de queso y una de crema (la última capa debe ser de queso).
♥ Gratinar en el horno durante diez minutos.
♥ Rinde 8 raciones.

Calabacitas en salsa ranchera

10	calabacitas tiernas
1	taza de crema
1/2	taza de consomé
1	cucharada de aceite
6	chiles poblanos
2	dientes de ajo
1	cebolla

♥ Lavar y rebanar las calabacitas; desvenar y lavar los chiles y licuarlos en crudo con ajo y consomé.
♥ Acitronar en aceite caliente la cebolla y las calabacitas; agregar el chile colado, tapar y dejar cocer (revolver de vez en cuando).
♥ Al servir, añadir la crema.
♥ Rinde 6 raciones.

Calabacitas divinas

1/2 k	calabacitas chicas
250 g	longaniza
100 g	manteca
1	cebolla
1	diente de ajo
·	chile verde
·	epazote

♥ Lavar las calabacitas y picarlas finamente.
♥ Cocerlas con dos cucharadas de manteca, cebolla molida y ajo.
♥ Moler un chile verde y un poco de epazote; freírlos con unos trocitos de longaniza en bastante manteca.
♥ Añadir las calabacitas y dejar sazonar a fuego lento.
♥ Rinde 6 raciones.

Papas con jamón

4	papas grandes	
100 g	jamón	
1/4	litro de crema	
·	sal, al gusto	

❦ Pelar las papas y cortarlas en rebanadas gruesas.
❦ Colocar en un recipiente refractario una capa de papas, una de jamón, otra de papas y, al final, la crema.
❦ Condimentar cada capa con sal.
❦ Hornear y servir caliente.
❦ Rinde 6 raciones.

Papas rellenas de jamón

6	papas grandes (peladas y cocidas)	
100 g	jamón	
50 g	queso	
1/4	litro de crema	
·	perejil	

❦ Cortar la parte superior de las papas para extraer el relleno con una cucharita.
❦ Rellenarlas con jamón cortado en cuadritos y volverlas a tapar con la parte que se les cortó inicialmente.
❦ Colocarlas en un platón y cubrirlas con una cucharada de crema, queso rallado y perejil.
❦ Rinde 6 raciones.

Cuitlacoche

250 g	cuitlacoche
2	chiles poblanos
1	cebolla
·	epazote
·	manteca
·	sal, al gusto

❦ Limpiar el cuitlacoche con un trapo húmedo y cortarlo en trozos pequeños.
❦ Asar, desvenar y cortar los chiles en rajas y freírlos con cebolla picada; incorporar el cuitlacoche y el epazote; sazonar con sal.
❦ Tapar el recipiente y cocer a fuego lento quince minutos.
❦ Rinde 4 raciones.

Guiso de flor de calabaza

200 g	flores de calabaza
3	cucharadas de nata de leche
1	cebolla
·	aceite
·	chile verde picado
·	sal, al gusto

❦ Picar la cebolla y acitronarla en un poco de aceite.
❦ Añadir las flores de calabaza (lavadas y cortadas en trozos pequeños); sazonar con sal.
❦ Tapar el recipiente y cocer a fuego lento quince minutos.
❦ Añadir la nata y cocinar cinco minutos más (agregar chile verde picado, si se desea).
❦ Rinde 4 raciones.

Queso fresco con espinacas

250 g	queso panela
120 g	espinacas
3	cucharadas de aceite
1	cucharada de cebollitas de Cambray picadas
·	leche
·	sal, al gusto

- ❦ Cocer las espinacas, escurrir y picar finamente; dejarlas enfriar.
- ❦ En un tazón grande mezclar las espinacas con los demás ingredientes; revolver bien con un tenedor.
- ❦ Bañar con leche fría un molde de cerámica o vidrio y colocar la mezcla de queso y espinacas; apretar bien.
- ❦ Desmoldar y servir con rebanadas de pan negro.
- ❦ Rinde 4 raciones.

Chayotes rancheros

1/4 k	carne de res molida
1/2	taza de agua
1	cucharada de chile ancho molido
1	cucharadita de aceite de cártamo
2	chayotes cocidos sin pelar
1/2	diente de ajo
·	sal, al gusto

- ❦ Ahuecar los chayotes y picar la pulpa.
- ❦ Dorar la carne en aceite caliente, agregar ajo picado y chile molido.
- ❦ Añadir agua y la pulpa del chayote; sazonar con sal.
- ❦ Rellenar los chayotes y hornearlos a 175ºC durante quince minutos.
- ❦ Rinde 6 raciones.

Tortas de huauzontle

1 1/2 k	huauzontle
1/4 k	jitomate
300 g	queso tipo Chihuahua
3	tazas de caldo de pollo
1	taza de harina
5	huevos
2	dientes de ajo
·	perejil
1	rama
1/2	cebolla
·	aceite
·	chile de árbol
·	sal, al gusto

- ❦ Preparar un caldillo a base de jitomate, cebolla, ajo, perejil, sal y un poco de caldo de pollo; sazonar en aceite caliente.
- ❦ Formar con las ramitas de huauzontle cocidas y el queso unas tortitas alargadas; revolcarlas en harina y capearlas con el huevo batido a punto de turrón; freírlas en aceite caliente.
- ❦ Introducir las tortitas en el caldillo; dejar hervir cinco minutos y añadir tres chiles de árbol secos para que suelten el hervor.
- ❦ Servir con arroz blanco.
- ❦ Rinde 8 raciones.

La capital queretana es ciudad levítica, esto es, plena de iglesias y conventos, donde las monjas se afanaban (y ufanaban) en complacer el paladar de las jerarquías eclesiásticas, los lugareños destacados y los visitantes distinguidos; no extraña pues, la variedad de dulces y postres heredada por la cocina familiar.

Sin embargo, vale empezar este apartado con algunas recetas democráticas, de arraigo popular. Primero los sabrosos pacholes, de maíz molido, huevo y canela; luego varios budines, de maíz uno, otro denominado corriente –pese a que incorpora huevos, mantequilla y queso añejo– y el de garbanza. La torta de zanahoria lleva también huevos y mantequilla, y agrega crema para su mejor presentación y sazón. Por si fuese poca tal sabiduría, la importante cuenca lechera de la región contribuye a enriquecer la calidad de los postres. Es aún más fácil recordar así las delicadas labores conventuales en la cocina cotidiana. Unas deliciosas fórmulas, la del dulce de leche, la de la cajeta de leche quemada y la de los jamoncillos de leche y piñón constituyen sólo cuatro ejemplos del rico recetario. Dentro de la mejor tradición dulcera colonial, las claras y yemas de huevo se multiplican en mil florilegios capaces de satisfacer una glotonería en verdad exigente. Las yemas de almendra, como muestra, con su canela y azúcar glass.

Y luego, la fina repostería. Arte maravilloso y lleno de añoranzas. Los nombres de las recetas no pueden ser más evocativos: una época y una tradición recoleta, impregnada de olor a incienso y sacudida por el toque de las campanas. Vienen las rosquitas de mantequilla, las Magdalenas, cuyo pecado está en el número de huevos que consumen. Prosiguen las paciencias ricas, el pan de flojas, las perunillas, las mestizas, los buñuelos, los polvorones de naranja y los de chocolate. Una delicadeza más: el postre de nuez con merengue.

Y la fiesta continúa. Las monjas mismas, de hábiles manos y mirada huidiza, parecen desfilar ante nosotros cuando se nos revelan los secretos para confeccionar sus empanadas, con una copita de jerez, o las empanadas de leche, abundantes también en mantequilla y huevo. Las palomas son unos pastelitos de manteca, fáciles de preparar, y los burritos, son bolitas de maíz colorado prieto, con piloncillo y canela.

Al simpático y significativo nombre de sacristanes responden unos rectangulitos hechos con pasta de harina y horneados a fuego lento. Es probable que el nombre provenga del modesto "piquete" alcohólico –un poquitín de cerveza– que llevan.

Originales también son las gorditas de maíz o mamanxa, con su añadido de queso, canela y piloncillo. Singular es su cocción, en comal de barro sobre hojas de plátano o piedras de hormiguero. Exquisitas resultan las gorditas de cuajada, también de masa de maíz y con mantequilla derretida.

Ha llegado el momento de saborear los postres que acto seguido ofrece este riquísimo apartado de las artes culinarias queretanas. Con fruta fresca deben prepararse varias recetas que llevan calabaza, guayaba, manzana, membrillo, coco y chilacayote. Este último es indispensable en la receta local de torrejas rellenas, y las dos primeras (calabaza y guayaba) unen sus labores en la preparación de una regia conserva junto con el sencillo y apetecible dulce de calabaza.

De manzanas es la fórmula de la compota que se presenta, y luego vienen un membrillate y una cocada para chuparse los dedos. A continuación aparece la fórmula de dos riquísimos pasteles? Uno de ciruelas y naranja y otro de manzana, especial para las alegres pascuas decembrinas que tanto se disfrutan en Querétaro.

Pan, buen vino, dulce y quesos, ¿qué otra cosa es tener sesos?

Pacholes

1/2 k	maíz
1/2 k	manteca de cerdo
6	huevos (yemas cocidas)
·	canela
·	azúcar

❦ Cocer y lavar el maíz hasta que quede blanco, a punto de tamal; molerlo y batirlo con manteca, canela molida, azúcar y las yemas cocidas.

❦ En el metate y con la mano del mismo sacar capas delgadas en forma de cuadro y cocerlas en comal de barro.

❦ Rinde 8 raciones.

Budín de maíz

3/4 k	masa de maíz
300 g	azúcar
100 g	mantequilla
1 1/2	litros de leche
8	huevos
1	cucharadita de canela
1/2	cucharadita de clavo
1/2	cucharadita de nuez moscada molida
·	raspadura de un limón

❦ Mezclar la masa de maíz con leche, canela, clavo, nuez moscada, raspadura de limón, azúcar, mantequilla fundida y los huevos.

❦ Amasar y verter en una budinera engrasada; hornear.

❦ Rinde 8 raciones.

Budín corriente

4	bolillos
1	litro de leche
100 g	mantequilla
100 g	queso añejo rallado
8	huevos
3	cucharadas de azúcar

❦ Remojar y desbaratar los bolillos en la leche.

❦ Agregar queso, azúcar, mantequilla fundida y los huevos; mezclar.

❦ Verter la preparación en un refractario engrasado; cocer a baño María en el horno.

❦ Servir con miel de piloncillo o con melado de caña.

❦ Rinde 6 raciones.

Budín de garbanza

1 k	garbanzo
300 g	azúcar
200 g	mantequilla
2	naranjas (ralladura y jugo)
8	huevos
·	mantequilla
·	pan molido

- ❦ Batir las claras a punto de turrón y añadir las yemas.
- ❦ Hervir la garbanza hasta que se cueza; pelar y moler.
- ❦ Mezclarla con los demás ingredientes y formar una pasta.
- ❦ Verter en una budinera untada con mantequilla y espolvorear pan molido; hornear cuarenta minutos.
- ❦ Servir caliente o frío.
- ❦ Rinde 8 a 10 raciones.

Torta de zanahoria

350 g	zanahoria cruda rallada
175 g	azúcar
175 g	harina
100 g	mantequilla
2	huevos
1	cucharadita de polvo para hornear
·	mantequilla y azúcar
·	crema

- ❦ Acremar mantequilla con azúcar.
- ❦ Agregar los huevos, uno por uno; batir.
- ❦ Añadir la harina cernida con el polvo para hornear y batir un poco más; por último, incorporar la zanahoria.
- ❦ Verter en un molde engrasado y enharinado y hornear.
- ❦ Servir con crema.
- ❦ Rinde 6 a 8 raciones.

Dulce de leche

2	litros de leche
600 g	azúcar
1	copita de brandy
·	sabor al gusto (vainilla, ralladura de limón o de naranja)

- ❦ Hervir la leche a fuego regular.
- ❦ Al soltar el hervor, agregar azúcar y revolver de vez en cuando hasta que tome un color dorado (cuidar que no se pegue).
- ❦ Si el sabor es de vainilla o canela se puede agregar en este momento; si es de vino, limón o naranja, añadirlo poco antes de retirar del fuego (la cantidad de ralladura debe ser menor de un limón o una naranja para evitar que la leche se corte).
- ❦ Rinde 8 raciones.

Cajeta de leche quemada

4 k	azúcar
225 g	almendras
225 g	camote
8	litros de leche de cabra
3/4	taza de agua

- ❧ Diluir azúcar en un cántaro de leche; colar y hervir; dejar en el fuego hasta que tome punto de cajeta.
- ❧ Diluir en leche las almendras (peladas y molidas) y el camote.
- ❧ Hervir la leche, agregar las almendras y el camote y revolver.
- ❧ Cuando espume, añadir agua y dejar que tome punto de cajeta.
- ❧ Rinde 20 a 25 raciones.

Jamoncillo de leche

2	litros de leche
1 k	azúcar
7	yemas de huevo
1	raja de canela

- ❧ Hervir la leche y la canela; dejar enfriar.
- ❧ En un poco de esta leche mezclar las yemas y añadirlas junto con el azúcar.
- ❧ Poner en el fuego sin dejar de mover (con cuchara de madera) hasta que tome su punto.
- ❧ Rinde 8 raciones.

Jamoncillo de piñón

1	taza de leche condensada
1	taza de piñones
1/4	taza de leche

- ❧ Licuar los piñones con la leche.
- ❧ Hervir la leche condensada a fuego medio (revolver para que no se pegue) hasta que suelte el hervor.
- ❧ Añadir los piñones licuados y revolver la mezcla hasta ver el fondo del cazo; retirar del fuego y revolver hasta que se enfríe la pasta.
- ❧ Verter en un platón y adornar con piñones.
- ❧ Rinde 6 raciones.

Magdalenas

200 g	mantequilla
250 g	azúcar
125 g	fécula de maíz (Maizena)
125 g	harina
7	huevos
1	limón

- ❧ Batir mantequilla con azúcar hasta acremar; agregar los huevos uno por uno y, al final, la harina y la fécula de maíz con la raspadura de limón.
- ❧ Colocar la pasta en moldecitos para Magdalenas engrasados y enharinados, llenarlos sólo la mitad; hornear.
- ❧ Rinde 6 raciones.

Yemas de almendra

350 g	azúcar
150 g	almendras
100 g	azúcar glass
9	yemas de huevo
1	cucharada de canela molida

- ❦ Poner azúcar con agua suficiente en una cacerola al fuego; revolver sin cesar hasta que comience a hervir.
- ❦ Dejar que tome el punto fuerte de bola y agregar almendra molida (dejar espesar un poco); añadir las yemas batidas y revolver con mucho cuidado para que no se pegue.
- ❦ Al ver el fondo del cazo, retirar y moler en metate con la mitad de la canela; hacer pelotitas que se revuelcan en azúcar glass y canela.
- ❦ Envolverlas con papel de China.
- ❦ Rinde 8 raciones.

Rosquitas de mantequilla

1 k	harina
1/2 k	mantequilla
125 g	azúcar
1	taza de azúcar glass
1/2	taza de vino blanco
5	yemas de huevo
1	clara de huevo
1/2	limón (jugo)

- ❦ Batir la mantequilla hasta acremarla; aparte, batir las yemas de huevo a punto de cordón; mezclar y agregar azúcar y vino blanco y, al final, la harina cernida.
- ❦ Mezclar bien la pasta, extenderla y cortarla con un molde en forma de ruedas; con un dedal sacar los centros.
- ❦ Colocarlas sobre moldes de lata forrados con papel engrasado y cubrirlas con betún de clara de huevo, azúcar glass y limón; hornear.
- ❦ Rinde 8 a 10 raciones.

Paciencias ricas

200 g	azúcar
160 g	harina
20 g	vainilla
4	claras de huevo

- ❦ Batir las claras a punto de turrón y mezclar azúcar y vainilla; seguir batiendo y, al final, agregar harina y revolver.
- ❦ Colocar la pasta en la duya para formar gotas grandes; hornearlas.
- ❦ Poner en cada paciencia una gota de merengue; meterlas de nuevo al horno para que se doren.
- ❦ Rinde 6 raciones.

Pan de flojas

1 1/2   tazas de harina cernida
1   taza de nata
1   taza de azúcar
3   huevos
1   cucharadita de sal
1   cucharadita de polvo para hornear
·   pasas, almendras o nuez
·   mantequilla
·   sabor, al gusto (naranja, limón, vainilla o vino)

- ❦ Batir a mano o licuar todos los ingredientes juntos.
- ❦ Verter en un molde engrasado y enharinado.
- ❦ Adornar con pasas, almendras o nueces; hornear.
- ❦ Rinde 8 raciones.

Perunillas

700 g   mantequilla
400 g   azúcar
3   huevos
2   claras
2   copas de anisete
2   yemas
·   harina
·   raspadura de un limón

- ❦ Acremar mantequilla con 200 g de azúcar; agregar el anisete, la raspadura de limón, los huevos y las yemas, y la harina necesaria para formar una pasta suave.
- ❦ Extender la masa y cortar galletitas redondas; colocarlas en latas untadas de mantequilla.
- ❦ Preparar un almíbar de punto muy alto con el azúcar y mezclarlo con las claras batidas a punto de turrón; embetunar las perunillas.
- ❦ Hornear a temperatura regular.
- ❦ Rinde 20 raciones.

Mestizas

1 k   harina
1/2 k   manteca de cerdo
1   litro de pulque espumoso
4   yemas
2   huevos enteros
1   pizca de sal
1   queso chico
·   canela
·   azúcar

- ❦ Formar una fuente con la harina e incorporar los huevos enteros y las yemas; revolver.
- ❦ Agregar los demás ingredientes y amasar hasta formar una pasta tersa; hacer unas bolas medianas y dejarlas reposar quince minutos.
- ❦ Extenderlas en una charola y darles forma redonda o alargada (deben quedar de dos cm de espesor).
- ❦ Con un cuchillo hacerles pequeños cortes en las orillas, de centímetro en centímetro, y doblarlas en forma alterna.
- ❦ Untarles bastante manteca y dejarlas reposar dos horas; hornear a fuego lento y espolvorearles azúcar.
- ❦ Rinde 10 raciones.

Buñuelos

1/2 k   azúcar
1/2 k   masa de maíz
10   cucharadas de manteca
8   huevos
1   cucharadita de esencia de anís
·   canela o vainilla, al gusto

♥ Pasar la masa por un colador y ponerla a cocer con tres cucharadas de manteca.
♥ Retirar y agregar los huevos, uno por uno, y el anís; mezclar.
♥ Hacer los buñuelos con la masa fría; freírlos en manteca y bañarlos luego con miel preparada con azúcar y canela o vainilla.
♥ Rinde 10 raciones.

Polvorones de naranja

1/2 k   harina
1/4 k   manteca
125 g   azúcar
2   yemas de huevo
2   naranjas (jugo y raspadura de una de ellas)
1/2   cucharadita de bicarbonato

♥ Batir la manteca hasta que tome punto de crema.
♥ Agregar azúcar y yemas de huevo y seguir batiendo; añadir la raspadura de una naranja y la mitad de la harina cernida con el bicarbonato, el jugo de naranja y el resto de la harina.
♥ Amasar bien; extender la masa, cortar y hornear.
♥ Al sacar los polvorones del horno, espolvorearles azúcar.
♥ Rinde 8 a 10 raciones.

Polvorones de chocolate

1/4 k   manteca
1/4 k   azúcar
4   huevos
3   tazas de harina
3   tazas de cocoa
1/2   taza de agua
1   cucharadita de extracto de vainilla

♥ Batir la manteca hasta que tome punto de nieve; agregar azúcar y los huevos.
♥ Mezclar harina con cocoa; incorporar poco a poco a la preparación anterior, alternando con el agua que contiene una cucharadita de extracto de vainilla.
♥ Añadir más harina en caso necesario (la masa debe quedar suave); cortar y hornear.
♥ Rinde 12 raciones.

Postre de nuez

3	yemas de huevo
150 g	azúcar
1	cucharada de fécula de maíz
50 g	nuez
1/2	litro de leche
1	docena de soletas
	Merengue
3	claras de huevo
1/2	limón (jugo)
100 g	azúcar glass
50 g	cerezas

- ♥ Mezclar las yemas con azúcar, fécula de maíz, nuez picada y leche.
- ♥ Poner en el fuego y revolver constantemente hasta que espese; retirar y verter sobre las soletas.
- ♥ Para preparar el merengue, batir las claras a punto de turrón, agregar azúcar y jugo de limón; ponerlo en una bolsa con duya rizada y decorar el postre.
- ♥ Adornar con mitades de cereza sobre el merengue.
- ♥ Rinde 6 raciones.

Empanadas de monja

1/2 k	harina
350 g	mantequilla
150 g	azúcar
5	yemas de huevo
1	copita de jerez
1	cucharada de sal
·	cocada, al gusto
·	azúcar glass

- ♥ Cernir harina con sal y azúcar; hacer un hueco en el centro y colocar las yemas de huevo, jerez, mantequilla (50 g) y agua fría para mezclar.
- ♥ Extender con el palote y untar mantequilla, doblar; repetir la operación varias veces hasta que todo se incorpore bien; untar el resto de mantequilla.
- ♥ Extender y cortar en cuadros; rellenarlos con la cocada y unirlos de tal forma que, al hornear las empanadas, se pueda ver el relleno.
- ♥ Retirar del horno y espolvorear azúcar glass.
- ♥ Rinde 12 raciones.

Burritos

1 k	maíz colorado prieto
·	canela
·	piloncillo

- ♥ Tostar maíz y resquebrajarlo en el metate.
- ♥ En un cazo con agua colocar el piloncillo y la canela, calentar hasta que se disuelva el piloncillo; retirar del fuego.
- ♥ Agregar el maíz resquebrajado y mezclar con las manos hasta formar pequeñas bolitas; ponerlas a secar hasta que se endurezcan.
- ♥ Rinde 10 raciones.

Empanadas de leche

1 k	harina
100 g	mantequilla
100 g	manteca
3	yemas de huevo
3	cucharadas de té de anís
3	cucharadas de agua asentada
	de tequesquite
1/4 k	almendras
1/4 k	azúcar pulverizada
2	cucharadas de agua de azahar
·	aceite
·	azúcar glass
·	leche

♥ Mezclar los primeros seis ingredientes; agregar la leche necesaria hasta formar una pasta tersa.

♥ Extenderla con el rodillo sobre una superficie enharinada y cortar ruedas pequeñas; rellenarlas con pasta de almendras y cerrar bien.

♥ Freír las empanadas en aceite caliente; retirar, escurrir y espolvorear azúcar glass.

♥ Para preparar el relleno, mezclar las almendras peladas y molidas con azúcar y agua de azahar.

♥ Rinde 20 raciones.

Pastelitos de manteca o palomas

1/4 k	harina cernida
150 g	manteca
2	cucharaditas de azúcar
1/4	cucharadita de sal
·	azúcar

♥ Sobre una mesa hacer una fuente con harina, añadir sal y azúcar; amasar con un poco de agua.

♥ Agregar la mitad de la manteca y amasar hasta que se incorpore.

♥ Formar pelotitas del tamaño de un limón y extenderlas con el rodillo en forma ovalada; cubrir con harina, doblar a la mitad y extender nuevamente; repetir la operación cuatro veces.

♥ Derretir el resto de manteca y agregarla en el último doblez; espolvorear azúcar granulada.

♥ Colocar los pastelitos en charolas engrasadas y hornear a 225°C quince minutos.

♥ Rinde 6 raciones.

Sacristanes

1/2 k	harina
300 g	mantequilla
1/4	litro de cerveza
1	cucharadita de sal
1	cucharadita de polvo para
	hornear
·	azúcar

♥ Hacer un cerco con harina cernida, polvo para hornear y sal; incorporar mantequilla y, por último, cerveza; amasar.

♥ Palotear hasta que quede de medio centímetro de espesor; cortar rectángulos de ocho cm y hacerles un doblez en cada extremo.

♥ Ponerles azúcar granulada encima y hornearlos a fuego suave.

♥ Rinde 8 raciones.

Mamanxa (gorditas)

1 k	maíz fresco
·	queso
·	canela
·	bicarbonato
·	hojas de plátano
·	piedras de hormiguero
·	piloncillo

- ♥ Moler el maíz crudo; batirlo con queso rallado, canela molida y piloncillo.
- ♥ Agregar un poquito de bicarbonato y hacer las gorditas (mamanxa); no deben quedar gruesas ni grandes.
- ♥ Colocarlas en un comal de barro sobre hojas de plátano o en piedras de hormiguero.
- ♥ Rinde 8 raciones.

Gorditas de cuajada

1 k	cuajada
1 k	masa de maíz
1/2 k	mantequilla derretida
1	taza de azúcar
2	cucharaditas de polvo para hornear
1/4	cucharada de bicarbonato
·	mantequilla

- ♥ Batir la masa con mantequilla derretida e incorporar los demás ingredientes; mezclar perfectamente y dejar reposar una hora.
- ♥ Colocar raciones de la pasta sobre una lata engrasada y hornear a fuego durante cuarenta y cinco minutos.
- ♥ Rinde 15 raciones.

Conserva de calabaza

1	calabaza mediana de Castilla
1 k	guayaba
·	tequesquite
·	piloncillo o azúcar

- ♥ Partir la calabaza en trozos regulares y colocarlos en una olla con agua; agregar un poco de tequesquite y dejar cocer durante una hora (quitarle la cáscara a la calabaza).
- ♥ Poner la calabaza en otra olla con agua y agregar piloncillo o azúcar y las guayabas; cocer media hora y más.
- ♥ Rinde 8 raciones.

Dulce de calabaza

1	calabaza mediana
·	azúcar, al gusto

- ♥ Partir la calabaza en trozos regulares y ponerlos en una olla con agua suficiente; agregar azúcar y hervir aproximadamente una hora.
- ♥ Cuando la fruta haya absorbido el azúcar, retirar del fuego.
- ♥ Dejar enfriar y ponerla a secar en una charola.
- ♥ Rinde 8 raciones.

Compota de manzanas

12	manzanas
500 g	azúcar

- ❧ Pelar doce manzanas y extraerles el corazón; colocarlas en agua fría para que no se ennegrezcan.
- ❧ Preparar almíbar ligero con azúcar; agregar agua en caso necesario.
- ❧ Incorporar las manzanas y darles un hervor; retirar del fuego.
- ❧ Rinde 12 raciones.

Membrillate

1 k	azúcar
1 k	membrillos

- ❧ Partir los membrillos a la mitad y quitarles el corazón; cocerlos en agua, dejarlos enfriar y colarlos en un cedazo de cerda.
- ❧ Pesar un kilo de la pasta y junto con un kilo de azúcar poner a fuego lento en un cazo; mover la mezcla constantemente con cuchara de madera para que no se pegue.
- ❧ Verter la pasta en moldes y dejar enfriar.
- ❧ Rinde 8 a 10 raciones.

Cocada

2	litros de leche
1/4 k	coco rallado fresco
300 g	azúcar
·	yemas de huevo, al gusto

- ❧ Hervir leche con azúcar; revolver constantemente para que no se pegue; al consumirse la mitad de la leche, agregar el coco; dejar espesar.
- ❧ Añadir las yemas sin dejar de mover para que no se cuezan; cuando se vea el fondo del cazo retirar del fuego, verter en un molde extendido y dejar enfriar.
- ❧ Pasar un fierro caliente por el azúcar que se espolvoreó sobre la pasta, a manera de cuadrícula.
- ❧ Rinde 6 raciones.

Torrejas rellenas de chilacayote

1/2 k	chilacayote
10	panes de huevo
4	huevos
·	cal
·	aceite
·	piloncillo
·	canela y anís
·	ajonjolí tostado

- ❧ Pelar el chilacayote y ponerlo en agua de cal para que se endurezca un poco; sacarlo del agua y lavarlo bien; sancochar un poco, retirar del fuego y dejar enfriar.
- ❧ Deshebrarlo y ponerlo nuevamente en el fuego con piloncillo, canela y anís; dejar cocer.
- ❧ Partir el pan transversalmente y rellenarlo con el chilacayote; capear con huevo batido a punto de turrón y freír en aceite caliente.
- ❧ Espolvorear las torrejas con ajonjolí tostado.
- ❧ Rinde 15 raciones.

Pastel de ciruela y naranja

1   huevo
3   yemas
300 g   harina
150 g   mantequilla
100 g   azúcar glass
1/2   cucharadita de polvo para
        hornear
·   mantequilla para engrasar el
        molde
1   yema de huevo
·   raspadura de naranja

Mermelada

1/2   litro de agua
1   vaina de vainilla
2   naranjas
300 g   ciruelas pasas
300 g   azúcar

❦ Cernir harina, azúcar glass y polvo para hornear.
❦ Hacer una fuente, en el centro poner el huevo y las yemas, mezclar con los dedos y agregar mantequilla y raspadura de naranja.
❦ Extender la pasta con un palote hasta que quede de un centímetro de espesor; cubrir con ella un molde de pastel engrasado y agregar una capa de mermelada; cubrir otra vez con pasta en forma de enrejado; barnizar con yemas de huevo.
❦ Para preparar la mermelada, lavar las ciruelas, deshuesarlas y remojarlas en medio litro de agua durante treinta minutos, poner al fuego con la vainilla; al consumirse el agua, agregar azúcar y jugo de naranja; dejar en el fuego hasta que tome su punto.
❦ Hornear el pastel a calor regular; servir caliente o frío.
❦ Rinde 12 raciones.

Pastel navideño de manzana

4   huevos
1   taza de aceite de maíz
2   tazas de manzana rallada
1 1/2   taza de azúcar
1   copita de ron
3   tazas de harina
2   cucharadas de polvo para
        hornear
2   cucharaditas de bicarbonato
1   taza de azúcar
1/2   taza de nuez picada
1/2   taza de pasitas
1/2   taza de frutas cubiertas

❦ Batir los huevos tres minutos, agregar aceite y continuar batiendo.
❦ Añadir manzana rallada (no importa que se ponga oscura) con media taza de azúcar y ron; luego agregar la harina cernida con el polvo para hornear, bicarbonato y sal, nueces, pasitas, fruta cubierta (picada y revolcada en harina) y una taza de azúcar.
❦ Incorporar bien y verter en un molde engrasado y enharinado; hornear a 225°C durante cuarenta y cinco minutos.
❦ Ya cocido el pastel, dejarlo enfriar en el horno apagado (con la puerta abierta) durante treinta minutos.
❦ Rinde 8 raciones.

AUTORES DE LAS RECETAS

Irma B. Aguilar Aguilar
María Dolores Aguilar Sánchez
Margarita Aldama de Olvera
Teresa Arias de C.
Norma Arroyo de Argüelles
Zoila Ayala Martínez
Carlota Benavides de Núñez
Fernando Blancas y Cabrera
Carmen Canona Campo
Ana Patricia Echeverría H.
Laura España Muñoz
Eugenio Espinosa Loyola
Ivonne Ferrat de Lazcano
Martha A. Gómez
Margarita Arcelia Gómez Cruz
María del Carmen González Loyola
María Dolores Heredia Yáñez
Elena Herrera de Bautista
Carolina Jiménez Blanco
Irma Jiménez Blanco
Socorro Lara Olivera
Alicia López Solano
Nancy O. Luna Morales
Natalia Martínez M.
María del Carmen Martínez Oviedo
María del Rosario Medina de Aguirre
Lidia Mendoza Hernández
Marisela Mendoza de Uribe

María Cristina Montaño G.
Martha Montes de Larrondo
Pedro Jesús Montiel Cárdenas
Lorenia Morales de Escárcega
Mercedes Morales de Ramírez
Jaquelina Orozco Jiménez
Ruth Ortiz de Ortiz
Esperanza Patiño
María Concepción Patiño
Ofelia Patiño
María Rosario Pérez Vilchis
Estela Quintanilla de Mendoza
Luz María Quintanilla de Hernández
María Esther Ramírez G.
Martha M. Ricoy de Vega
Beatriz Elena Rodríguez de Lozano
Efigenia Rosales de García de Alba
Patricia Rubio Sancho
María Guadalupe Rueda Zamora
E. Margarita Sánchez Torres
J. Luis Sierra
Blanca Soler de Páramo
Martha Valdez de García
Estela Valdez Muñoz
Olga Zamora de Rueda
Guadalupe Zarzosa de Solís
Aurora Zúñiga Sánchez

De Cocina y Algo Más

FESTIVIDADES

LUGAR Y FECHA	CELEBRACIÓN	PLATILLOS REGIONALES
QUERÉTARO *(Capital del estado)* *Julio 25*	**Santiago Apóstol** Fiesta que conmemora la fundación de la ciudad y su Santo Patrono. Se ejecutan danzas aztecas.	⤳ Mixiote de conejo o de gallina; tamales con carne de cerdo o de res, en rojo o verde; pato asado, puchero, tacos paseados, barbacoa, quesadillas, sopes, enchiladas, mole, cecina, gorditas, nopales. ⤳ Buñuelos, capirotada, gaznates, jaleas, mermeladas, conservas de tejocote, palanquetas, merengues, cocadas, pan de huevo y de pulque. ⤳ Aguardiente, pulque, mezcal, aguas frescas, atole, chocolate y café con piloncillo.
Septiembre 12	**Santa Cruz de los Milagros** Festividades que se prolongan hasta el día 15 de septiembre. Durante las misas se ejecutan danzas nativas como la de La Conquista. También participan grupos de danza de estados vecinos.	⤳ Pollo en huerto (adornado con fruta y saboreado con vino y azúcar), cecina, chalupas, mole, gallina en salsa de nuez, tacos de barbacoa, pipián en verde, pato asado, sopa de coles, encurtidos, puchero. ⤳ Pan de huevo, de queso y de pulque, gaznates, ates, membrillos, jamoncillos, gelatinas, flanes, pastel de garbanzo, tamales de frutas o de dulce. ⤳ Aguas frescas, atole, pulque, mezcal, café de olla, ponche, aguardiente.
Septiembre 15 y 16	**Conmemoración del Grito de Dolores** Fecha importante para los habitantes de la ciudad ya que ahí vivió doña Josefa Ortiz de Domínguez, quién advirtió al Padre Hidalgo sobre el peligro que corría. El 15 se festeja el Día del Grito y el 16 se lleva a cabo un desfile cívico, seguido de una feria popular.	⤳ Pato asado, encurtidos, puchero, enchiladas, mole, tacos paseados, arroz con granada, pipián en verde, barbacoa, sopes, quesadillas, mixiotes de conejo o de gallina, tamales verdes o rojos de pollo, cerdo o res, cecina, gorditas, nopales, frijoles ayocotes (grandes y suaves cocinados con dulce), ensalada de jícama. ⤳ Buñuelos, camotes (tatemados con piloncillo y fundidos en leche), jamoncillos blancos o morenos, panochas de coco, palanquetas, merengues, ates, jaleas, dulces de avellana, gaznates, torrejas, pan de huevo y pulque y de queso. ⤳ Mezcal, pulque, aguardiente, aguas frescas, chocolate, café endulzado con piloncillo.
Diciembre 12	**Virgen de Guadalupe** Fiesta que se celebra con una gran peregrinación, música, bailes y danzas nativas.	⤳ Chalupas, encurtidos, sopa de coles, enchiladas rellenas de carne y huevo, barbacoa, ropa vieja, puchero acompañado con tortillas de colores, quesadillas, gorditas, sopes, cecina, chicharrón, lengua de vaca (con vino dulce, pasas y almendras), papas rellenas, albóndigas en chipotle, tamales de muerto (con maíz negro), pipián en verde. ⤳ Pan de queso y de pulque y huevo, merengues, buñuelos, piloncillo, ates, membrillos, flanes, azucarillos, camotes cubiertos, almendrados, conserva de tejocotes, frutas cubiertas (manzana, pera, durazno), tuna cristalizada, bollo de dátil y nuez. ⤳ Ponches, pulque natural curado, café de olla, aguas frescas, aguardiente, fermentados de frutas, chocolate, champurrados.

AGUA AMARGA DE JALPAN *Mayo 15*	**San Isidro Labrador** Se inicia la víspera con procesiones, música, bailes y un desfile de yuntas adornadas que se llevan a la iglesia a bendecir.	∼ Mixiotes, barbacoa, chalupas, sopes, quesadillas, enchiladas, puchero, mole, cecina, chicharrón, gorditas, pato en pipián, charales, chiles rellenos, encurtidos, tacos paseados, arroz con granada, ensalada de jícama, frijoles ayocotes. ∼ Gaznates, acitrón, tuna cristalizada, membrillos, tamales dulces o de frutas, bizcochos envinados, ates, conserva de capulines, dulces de avellana, pastel de garbanzo. ∼ Mezcal, aguas frescas, pulque, aguardiente, chocolate, champurrados, café de olla, mejengue (agua, pulque puro, piloncillo, maíz prieto, hojas de maíz secas, piñas maduras, plátanos y canela en polvo).
CADEREYTA *Febrero 1*	**Nuestra Señora de Belén** Se conmemora con diversas actividades tanto seculares como religiosas. Destacan la procesión y las danzas ejecutadas por grupos provenientes de los estados de México, Hidalgo y Guanajuato. El atractivo principal lo constituyen las peleas de gallos que se llevan a cabo durante todo el día en pequeñas arenas techadas. A estos palenques acuden los galleros de todo el país; durante el espectáculo participan cantantes y mariachis.	∼ Pipián en verde, encurtidos, arroz con granada, enchiladas rellenas de carne y huevo, sopes, cecina, quesadillas, tamales rojos y verdes, mole, ropa vieja, barbacoa, nopales, pato asado, puchero, pollo almendrado, tacos paseados, lengua de vaca mechada, mixiotes. ∼ Buñuelos, membrillos, ates, jaleas, palanquetas, cocadas, panochas, torrejas, pan de queso y de huevo y pulque. ∼ Vinos de mesa, atole de maíz de teja (con semillas de girasol), aguas frescas, chocolate, pulque, mezcal, aguardiente, menjengue.
Septiembre 21	**San Antonio** Las festividades se llevan a cabo en una población cercana llamada Boyé. Peregrinos de estados vecinos toman parte en las procesiones y ceremonias religiosas, ataviados con trajes regionales.	∼ Tamales con carne de cerdo o res (en verde o rojo), mixiotes de gallina o conejo, albóndigas en chipotle, ropa vieja, mole, pipián de pato o pato asado, puchero, tacos paseados, frijoles ayocotes, gallina en salsa de nuez, pollo en huerto, barbacoa, tamales de muerto, encurtidos. ∼ Pan de queso y de huevo y pulque, camotes, merengues, buñuelos, flanes, gelatinas, frutas en dulce, acitrón, torrejas, palanquetas, cocadas, almendrados, jaleas, ates, mermeladas, bizcochos envinados, panochas. ∼ Mejengue, atoles, champurrados, aguas frescas, café con piloncillo, aguardiente, mezcal y pulque.
(Fecha movible)	**Jueves Santo** Es una de las fechas más importantes para los indios otomíes de la región. Acuden en procesión portando imágenes talladas de Cristo y estandartes.	∼ Chiles rellenos, ensalada de jícama, sopa de coles, charales, revoltijo, nopales, quesadillas, gorditas, sopes, arroz con granada, encurtidos, mazamorra de elote (con habas verdes y huevos), papas rellenas. ∼ Capirotada, buñuelos, torrejas, conserva de tejocote y capulín, bizcochos envinados, panochas de coco y camote, dulces de avellana, pastel de garbanzo, ates, membrillo, jaleas, merengues, pan de huevo y pulque. ∼ Café de olla, atoles, champurrados, mezcal, pulque y aguas frescas.
LA CAÑADA *(Fecha movible)*	**Viernes Santo** Se conmemora este día con una procesión en la que llevan ofrendas florales y velas; se efectúa una representación de los hechos principales de la Pasión de Cristo, con atuendos de la época.	∼ Sopa de coles, revoltijo, charales, gorditas, sopes, quesadillas, chiles rellenos, encurtidos, arroz con granada, mazamorra de elote, nopales, papas y chayotes rellenos, mitos de frijol (manteca, jitomate, harina, frijoles refritos, perejil, huevo, sardinas en jitomate y chile piquín).

~ Ates, buñuelos, jamoncillos de leche y nuez, torrejas, capirotada, tuna cristalizada, gaznates, membrillos, acitrón, panochas de coco y camote.

~ Atole de maíz de teja, aguas frescas, café endulzado con piloncillo, aguardiente, champurrados, mezcal y pulques.

SAN JUAN DEL RÍO
Junio 24

San Juan Bautista
Fiesta en su honor que se celebra con una feria, bailes y juegos pirotécnicos.

~ Chiles rellenos, pato en pipián y asado, arroz con granada, puchero acompañado con tortillas de colores, tamal de muerto, pollo almendrado, lengua de vaca mechada, encurtidos, enchiladas, ropa vieja, sopes, quesadillas.

~ Gelatinas, merengues, palanquetas, tuna cristalizada, bizcochos envinados, buñuelos, conserva de capulín y tejocotes, almendrados, ates, panochas, camotes, pan de queso y de pulque y huevo.

~ Ponches, atoles, champurrados, pulque, mezcal, aguas frescas, café de olla.

TEQUISQUIAPAN
Mayo 20-28

Feria Nacional del Queso y del Vino
Se verifica en el jardín principal de la población; se organizan exposiciones, peleas de gallos, presentación de conjuntos musicales, grupos de danzantes y fuegos artificiales.

~ Tacos paseados, albóndigas en chipotle, pollo almendrado, cecina, chicharrón, barbacoa, mixiotes, pato asado, tamales de pollo, cerdo o res, en verde o rojo, gallina en salsa de nuez, enchiladas rellenas de carne y huevo, ropa vieja, quesadillas, sopes.

~ Pan de queso, de pulque y huevo, tamales de frutas, cocadas, bizcochos envinados, jamoncillos, ates, capulín en dulce, azucarillos, almendrados, camote achicalado (revuelto con piloncillo), bollo de dátil y nuez, palanquetas, buñuelos.

~ Atole de maíz de teja, pulque, mezcal, chocolate, café con piloncillo, aguas frescas.

VILLA DEL PUEBLITO
(Fecha movible)

Viernes Santo
Los habitantes escenifican diversos episodios de la Pasión de Cristo, con apego a la tradición católica. Se realiza una procesión encabezada por la imagen de la Virgen María con el Niño Jesús en sus brazos.

~ Arroz con granada, charales, revoltijo, sopa de coles, nopales, gorditas, sopes, quesadillas, mazamorra de elote, encurtidos, frijoles ayocotes y ensalada de jícama.

~ Capirotada, cocada, buñuelos, piloncillo, flanes, gelatinas, jamoncillo, bizcochos envinados, pastel de garbanzo, panochas de coco y camote, pan de pulque y huevo.

~ Atoles, champurrados, aguas frescas, café de olla, mezcal, pulque, chocolate.

REQUERIMIENTOS DIARIOS DE NUTRIMENTOS (NIÑOS Y JÓVENES)

Nutrimento	Menor de 1 año	1-3 años	3-6 años	6-9 años	9-12 años	12-15 años	15-18 años
Proteínas	2.5 g/k	35 g	55 g	65 g	75 g	75 g	85 g
Grasas	3-4 g/k	34 g	53 g	68 g	80 g	95 g	100 g
Carbohidratos	12-14 g/k	125 g	175 g	225 g	350 g	350 g	450 g
Agua	125-150 ml/k	125 ml/k	125 ml/k	100 ml/k	2-3 litros	2-3 litros	2-3 litros
Calcio	800 mg	1 g	1 g	1 g	1 g	1 g	1 g
Hierro	10-15 mg	15 mg	10 mg	12 mg	15 mg	15 mg	12 mg
Fósforo	1.5 g	1.0 g	1.0 g	1.0 g	1.0 g	1.0 g	0.75 g
Yodo	0.002 mg/k	0.002 mg/k	0.002 mg/k	0.002 mg/k	0.02 mg/k	0.1 mg	0.1 mg
Vitamina A	1500 UI	2000 UI	2500 UI	3500 UI	4500 UI	5000 UI	6000 UI
Vitamina B-1	0.4 mg	0.6 mg	0-8 mg	1.0 mg	1.5 mg	1.5 mg	1.5 mg
Vitamina B-2	0.6 mg	0.9 mg	1.4 mg	1.5 mg	1.8 mg	1.8 mg	1.8 mg
Vitamina C	30 mg	40 mg	50 mg	60 mg	70 mg	80 mg	75 mg
Vitamina D	480 UI	400 UI	400 UI	400 UI	400 UI	400 UI	400 UI

REQUERIMIENTOS DIARIOS DE NUTRIMENTOS (ADULTOS)

Proteínas	1	g/k
Grasas	100	g
Carbohidratos	500	g
Agua	2	litros
Calcio	1	g
Hierro	12	mg
Fósforo	0.75	mg
Yodo	0.1	mg
Vitamina A	6000	UI
Vitamina B-1	1.5	mg
Vitamina B-2	1.8	mg
Vitamina C	75	mg
Vitamina D	400	UI

REQUERIMIENTOS DIARIOS DE CALORÍAS (NIÑOS Y ADULTOS)

		Calorías diarias
Niños	12-14 años	2800 a 3000
	10-12 años	2300 a 2800
	8-10 años	2000 a 2300
	6-8 años	1700 a 2000
	3-6 años	1400 a 1700
	2-3 años	1100 a 1400
	1-2 años	900 a 1100
Adolescentes	Mujer de 14-18 años	2800 a 3000
	Hombres de 14-18 años	3000 a 3400
Mujeres	Trabajo activo	2800 a 3000
	Trabajo doméstico	2600 a 3000
Hombres	Trabajo pesado	3500 a 4500
	Trabajo moderado	3000 a 3500
	Trabajo liviano	2600 a 3000

EQUIVALENCIAS

EQUIVALENCIAS EN MEDIDAS

1	taza de azúcar granulada	250	g
1	taza de azúcar pulverizada	170	g
1	taza de manteca o mantequilla	180	g
1	taza de harina o maizena	120	g
1	taza de pasas o dátiles	150	g
1	taza de nueces	115	g
1	taza de claras	9	claras
1	taza de yemas	14	yemas
1	taza	240	ml

EQUIVALENCIAS EN CUCHARADAS SOPERAS

4	cucharadas de mantequilla sólida	56	g
2	cucharadas de azúcar granulada	25	g
4	cucharadas de harina	30	g
4	cucharadas de café molido	28	g
10	cucharadas de azúcar granulada	125	g
8	cucharadas de azúcar pulverizada	85	g

EQUIVALENCIAS EN MEDIDAS ANTIGUAS

1	cuartillo	2	tazas
1	doble	2	litros
1	onza	28	g
1	libra americana	454	g
1	libra española	460	g
1	pilón	cantidad que se toma con cuatro dedos	

TEMPERATURA DE HORNO EN GRADOS CENTÍGRADOS

Tipo de calor	Grados	Cocimiento
Muy suave	110°	merengues
Suave	170°	pasteles grandes
Moderado	210°	soufflé, galletas
Fuerte	230°-250°	tartaletas, pastelitos
Muy fuerte	250°-300°	hojaldre

TEMPERATURA DE HORNO EN GRADOS FAHRENHEIT

Suave	350°
Moderado	400°
Fuerte	475°
Muy fuerte	550°

Acamaya. Langosta de río o langostino; crustáceo del grupo de los decápodos, llamado también **camaya o pigua**.

Acitrón o biznaga. En México se llama así al tallo corto y casi cilíndrico de una cactácea, que es descortezado y confitado.

Acuyo. Hoja de Santamaría, hierbasanta, hoja de anís, momo; planta piperácea de la zona cálida intertropical. Sirve para envolver tamales; se aprecia como condimento y se le atribuyen propiedades medicinales.

Achiote. Arbol de las bixáceas, de altura media y flores rojizas. De sus frutos y semillas se preparan bebidas refrescantes y pastas colorantes apreciadas en la cocina por su color y sazón. Tiene, además, aplicaciones industriales.

Aguacate (ahuacatl). Árbol de la familia de las lauráceas y fruto del mismo nombre, muy estimado por su sabor. Es de forma oval, cáscara verde o negra, una sola semilla en forma de huevo y pulpa abundante, verdosa y suave.

Atole. Bebida espesa hecha con maíz cocido y molido y otros ingredientes, diluidos o hervidos con agua o leche. El azúcar, canela, miel, frutas molidas, etc., le dan agradables sabores. **Atole de maíz de teja,** con semillas de girasol. **Atole de puzcua,** preparado con maíz blanco y agua.

Ayocotes (ayecotes). Frijoles gordos, más gruesos y suaves que los comunes. Suelen ser morados pero también los hay negros, blancos, pintos, etc., y pueden cocinarse con dulce.

Cuitlacoche (huitlacoche). Hongo parásito que invade las mazorcas del maíz. Es comestible sabroso.

Champurrado. Bebida de uso frecuente, propia de desayunos, meriendas y ocasiones festivas. Se prepara con atole y chocolate.

Charales. Peces pequeños y delgados, de cinco a quince centímetros de largo, que viven en aguas lacustres principalmente. Son comestible muy estimado.

Chayote. Planta cucurbitácea de tallos trepadores y vellosos y fruto del mismo nombre. Éste semeja una pera, de cáscara fuerte –espinosa, en ocasiones– y color que va del verde oscuro al amarillento. De pulpa suave y muy digerible, se come cocido. La pepita también es comestible.

Chilaca (chiles). Variedad de chile picante, de forma alargada y color verde claro. Seco es el **chile pasilla.**

Chilacayote. Variedad de la calabaza común y fruto comestible de esta cucurbitácea. Es de corteza verde y lisa; su pulpa es fibrosa. De él se hace el dulce llamado **cabellos de ángel.**

Chilcuán (chilcagüe, chilicuagüe). Hierba mexicana, frecuente en la meseta central, cuyas raíces provocan flujo de saliva al masticarse y dejan sabor picante. Se le atribuyen efectos medicinales como calmante del dolor de dientes.

Chile ancho. Clásico en la cocina mexicana, imprescindible en adobos y moles diversos, es de color rojo oscuro y, por lo general, poco picante, pero existen numerosas variedades en el país. Fresco y verde es el chile llamado **poblano.**

Chilmole (chilmol, chimole). Especie de mole poco elaborado; generalmente es un caldo aguado de chile y tomates en que se guisan carnes y legumbres.

Gaznate. Se llama así, en la confitería mexicana, a cierto dulce común, usualmente preparado con huevo y relleno de turrón. También es un dulce de coco o piña.

Huauzontle (huazontle, huauzoncle). Verdura de la familia de las quenopodiáceas. Se aprovechan las hojas y las flores aún tiernas. Puesta a secar se conserva hasta un año, pero debe remojarse para utilizarla.

Maguey. Agave de diversas especies que crece en lugares cálidos y secos; de tallo corto, hojas gruesas y carnosas, terminadas en punta y con espinas en forma de gancho en los bordes. Algunas especies se aprovechan para la elaboración de fibras textiles; otras muchas para la de bebidas alcohólicas (mezcal, pulque, tequila, sotol, etcétera).

Mazamorra. Aplícase el nombre a una mezcla que proviene de la incorporación de un líquido a una sustancia pulverizada, de la que resulta una masa o un líquido espeso y poco homogéneo. En Hispanoamérica se suele llamar así a una papilla preparada con una base de maíz.

Mejengue (menjengue). Bebida queretana elaborada con maíz prieto, pulque, piña madura, plátano, hojas de maíz seco, piloncillo y canela.

Mole. Salsa espesa preparada con diversos chiles y otros elementos y condimentos; con frecuencia lleva ajonjolí, chocolate y cacahuates. La preparación puede variar tanto como los colores: mole poblano, negro, verde, amarillo, etc.

Nixtamal. Maíz cocido en agua de cal o de cenizas para hacerlo soltar el hollejo. Se utiliza para preparar tortillas.

Nopal. Cactácea de los géneros Platyopuntia y Nopalea, cuyo tallo se forma con **pencas** (paletas carnosas y ovaladas, planas y espinosas, en cuyos bordes crecen flores rojas y amarillas), que tienen la **tuna** como fruto. Se designa como **nopalitos** a las pencas tiernas de cactácea.

Piloncillo (panela). Panes de azúcar oscura –mascabado sin purificar– en forma de cono truncado o cucurucho.

Pollocoa. Pollo cocinado a la manera de barbacoa (asado en un hoyo que se abre en la tierra y se calienta como horno). Por extensión se refiere al asado al horno o en parrilla cubierta que se adereza con salsa picante.

Tepezcuintle (tepezcuinte, tepexcuintle). Roedor de carne deliciosa, del tamaño de un conejo, que vive en cuevas; tiene cuerpo de color amarillo rojizo con pintas negras. Se le llama también **cuautuza**. En Hidalgo y otras partes se conoce como **tuza real**. Se da el nombre, además, al **tepechichi** (una especie de perrillo de color negro, con el cuello y pecho blancos o amarillos).

Testal. Porción de masa de maíz necesaria para hacer cada tortilla.

Tlacoyo (tlatlaoyo, clacloyo). Empanada hecha con una tortilla de maíz gruesa (**gorda**), con forma oblonga o triangular, rellena por lo general de frijol o hierbas comestibles.

Verdolagas. Planta herbácea anual (Portulaca oleracea), de tallos tendidos y gruesos; hojas verdes por un lado y blanquecinas del otro, gruesas y algo carnosas, muy apreciada como alimento. Igualmente nombre de diversas plantas herbáceas –portulacáceas las más de las veces–, tendidas y de hojas carnosas (verdolaga de playa, verdolaga bronca, etcétera).

Xoconostle (soconoscle). Variedad de tuna, agria, que se emplea en la confección de dulces en almíbar y como condimento de otros platillos.

Esta obra fue impresa en el mes de junio de 2001
en los talleres de Litográfica Ingramex, S.A. de C.V.,
que se localizan en la calle de Centeno 162,
colonia Granjas Esmeralda, en la ciudad de México, D.F.
La encuadernación de los ejemplares se hizo
en los talleres de Dinámica de Acabado Editorial, S.A. de C.V.,
que se localizan en la calle de Centeno 4-B,
colonia Granjas Esmeralda, en la ciudad de México, D.F.